文化商丘 火文化

主　编　刘玉杰

本卷著者　赵云峰　张学勇　王小块

中华书局

图书在版编目（CIP）数据

　文化商丘·火文化/刘玉杰主编;赵云峰,张学勇,王小块本卷
著. —北京:中华书局,2020.12
　ISBN 978-7-101-14872-5

　Ⅰ.文… Ⅱ.①刘…②赵…③张…④王… Ⅲ.①地方文化-
商丘②火-文化-商丘 Ⅳ.G127.613

　中国版本图书馆 CIP 数据核字(2020)第 220735 号

书　　名	文化商丘·火文化	
主　　编	刘玉杰	
本卷著者	赵云峰　张学勇　王小块	
丛 书 名	文化商丘	
责任编辑	刘　楠	
出版发行	中华书局	
	（北京市丰台区太平桥西里 38 号　100073）	
	http://www.zhbc.com.cn	
	E-mail:zhbc@zhbc.com.cn	
印　　刷	北京瑞古冠中印刷厂	
版　　次	2020 年 12 月北京第 1 版	
	2020 年 12 月北京第 1 次印刷	
规　　格	开本/710×1000 毫米　1/16	
	印张 13½　插页 2　字数 173 千字	
印　　数	1-3050 册	
国际书号	ISBN 978-7-101-14872-5	
定　　价	78.00 元	

序 一

商丘历史文化悠久厚重，是华夏文明和中华民族的发祥地之一。华夏文明上下五千年在商丘没有中断过。作为一名历史文化工作者，我一直对商文化抱着深厚兴趣。过去从众多的历史文献典籍中，零星碎片地了解一些。今商丘市以高度的文化自信和文化自觉，以商文化为主脉，集合火文化、古城文化、圣人文化、汉梁文化等文化形态，以历史教科书形式，编纂这么一套文化丛书，读之如渴在临泉清，饿在闻肉味，实则欣喜，大呼过瘾，故为之序。

《诗经》《史记》等史籍都记载说："天命玄鸟，降而生商。""商"作为地名，在五帝时期就有了。黄帝和少皞时代，东夷氏族群中的玄鸟族西迁至商丘，战胜了土著人，建了第一座都城，名为"商"，后来又以地名为族名，产生了商部族。商文化在我国历史文化中地位十分重要。搞清楚它的历史渊源、发展脉络、基本走向，它的独特创造、价值理念、鲜明特色，对增强文化自信和价值观自信有着重要意义。习近平总书记说："不忘本来才能开辟未来，善于继承才能更好创新。"

我从事文物、古城保护工作多年，经常关注有关古城建设方面的知识。试想，当时的玄鸟族为什么选择商这个地方定居并建城呢？我国众多的古代文献显示，古代先民选择定居地点是很讲究的。出于对生存环境和防御需要的考虑，先民们往往对周边的生态环境格外关注。西汉时期的晁错就曾向皇帝建议在"移民实边"时，必须考虑生态环境。

他说:"臣闻古之徙远方以实广虚也,相其阴阳之和,尝其水泉之味,审其土地之宜,观其草木之饶,然后营邑立城,制里割宅,通田作之道,正阡陌之界,先为筑室,家有一堂二内,门户之闭,置器物焉,民至有所居,作有所用,此民所以轻去故乡而劝之新邑也。"(《汉书·晁错传》)可见古人在考虑新的居住环境时,要选择那些水质甘美、土地肥沃、草林茂盛的地方,继而加以规划,开辟道路,建造房屋,合理安排居室结构,如此才能在发展农业的同时,使人们对新的居住环境感到满意,体现出农业社会人居环境建设的基本要求和特点。古代城市选址对自然环境要求更高,不但涉及地形、地质、气象、水文、资源、交通等多种因素,还要考虑政治、经济、军事、文化等诸多方面的影响。《管子》曰:"凡立国都,非于大山之下,必于广川之上,高毋近旱而水用足,下毋近水而沟防省。因天材,就地利,故城郭不必中规矩,道路不必中准绳。"管子的话既反映了城市选址对自然环境和山水格局的严格要求,又强调城市选址应充分结合地利条件,视地形的实际情况而定,不必强求形式上的规整。先人的城市建设理念重地利,讲实效,对于摒弃单一的城市格局,突出城市个性特色以形成独有风格的文化景观十分重视。同时,我国古代"以农立国",强调根植于富足农业基础之上,对土壤、水源的要求格外重视。玄鸟族之所以选择在商地定居并建城,说明当时商丘诸方面的条件是相当优越的。

据《晋书》《帝王世纪》等史籍记载,黄帝之孙、五帝之一的颛顼"始自穷桑,而徙邑商丘"。"帝喾高辛氏年十五而佐颛顼,三十登位,都亳。"颛顼把都城迁到商丘,帝喾把都城也定在这里,说明颛顼和帝喾时代商丘诸方面的条件依然比其他地方优越。

帝喾的儿子契在尧、舜时都被封于商丘,建商国,都亳。夏朝时,帝相为后羿所逐,居于商丘,商丘一时成了夏都。契传十四世到成汤,推翻了腐败的夏桀建立商朝,亳是商朝的第一座都城,直到二百多年后的第十三代商王河亶甲才迁都于相。后又经几次迁徙,到第二十位商王"帝盘庚之时，殷（上古时殷、商并称）已都河北，盘庚渡河南，复居成汤之故居……治亳，行汤之政"（《史记·殷本纪》）。此后，第二十八位商王武乙才自亳迁于河北（安阳地区）。自成汤至帝辛，商朝凡十七世三十一王。周朝整个时期，商丘古城称睢阳，一直是"作宾于王家"的宋国都城。秦朝末年，睢阳城是楚汉相争的战略要地。两汉时期，睢阳一直是梁国的都城。隋唐时期，她又是"中州锁钥，江淮屏障，河洛咽喉"，是战略位置极其重要的兵家必争之城；宋朝时她是"四京"之一的南京；明、清两朝，她因是"南控江淮、北临河济"的咽喉重镇，朝廷极为重视。

商丘古城饱经沧桑，在历史上因水患和兵灾曾多次损毁，但灾难过去又重建、改建，从五帝、夏、商、周、秦、汉、三国、两晋、南北朝、唐、宋、元、明、清，直到现在，一直延续下来。其五千年不断脉的悠久历史，标记着中华民族的历史和文明进程。中国的历史文化名城虽然不少，但像商丘古城这样从远古五帝到现在一直脉络不断的实为罕见。这是商丘古都城突出的价值所在。

由于历史的原因，明朝初年之前的商丘古城的面貌被历代黄河泛滥、河水携带的泥沙蒙于地下。20世纪90年代，中国社会科学院考古研究所和美国哈佛大学皮保德博物馆组成的中美联合考古队对其进行考古调查，才发掘出商丘古城距今三千余年前的宋国古都城遗存。现在展现在世人面前的重建于明朝正德年间的商丘古城之下，沉睡着五帝时期的商城、亳城，春秋时期的宋国都城，秦汉和隋唐时期的睢阳城，宋代南京城，明初归德城。这也是商丘古城历史发展独有的形态，体现了她博大精深的文化内涵。文化景观是人类活动相继叠加的结果。因此，我一直认为，商丘古都城是"中国城建史博物馆""中国天然城池博物馆"。

儒、道、佛、墨四家是中华文化形成的支柱。史书记载，商丘是道家创始人之一庄子的故乡、儒家创始人孔子的祖籍，也是墨家创始人墨子的故乡，文化底蕴丰厚。

西汉刘向《列女传·契母简狄》记载："契之性聪明而仁，能育其教，卒致其名。尧使为司徒，封之于亳。"《史记·殷本纪》载："契长而佐禹治水有功。帝舜乃命契曰：'百姓不亲，五品不训，汝为司徒而敬敷五教，五教在宽。'封于商，赐姓子氏。"《汉书·艺文志》曰："儒家者流，盖出于司徒之官。"说明儒家文化的源头是商的始祖、尧舜时的司徒契。南宋时期，儒家的代表人物朱熹重建白鹿洞书院，亲手制订《白鹿洞书院学规》说："父子有亲。君臣有义。夫妇有别。长幼有序。朋友有信。右五教之目。尧、舜使契为司徒，敬敷五教，即此是也。"从史书对夏商周文化的有关记载来看，儒家思想和司徒契一脉相承。墨子也讲三代、先王，与儒家有一个共同的文化源头。商丘的文化底蕴之丰厚不言而喻。

文化复兴是实现中华民族伟大复兴中国梦的重要组成部分。历史悠久的商丘，应该让自己丰厚的文化资源展示魅力，很好地宣传出去，让全国乃至世界都了解商丘，让商丘的文化资源尽可能多地转化为人们的知识财富，让文化遗产资源"活起来"，融入广大民众的现实生活。

商丘市委、市政府组织专家、学者编写这套文化丛书，弘扬中华优秀传统文化，希望只是开端，以后要不断深入研究，不断取得新的更大的成果，为弘扬中华民族优秀文化作出独特贡献。

以此为序。

原故宫博物院院长　单霁翔

序　二

　　文化典籍是人类文明社会发展成果的重要载体与文明程度的标志。国有史,方有志,家有谱,这是中华民族数千年的优良传统,譬如《春秋》《左传》《史记》等都是中国人精神文化成长的重要历史记录。文化典籍的编纂传承能够有效地增强民族精神文化认同和国家凝聚力。地方文化史志是国家历史文化典籍的细化和补充,是国家、民族历史文化的血肉神经与单元标本。《文化商丘》丛书编纂出版的目的就是从文化视角系统整理商丘地区五千多年的文明史,挖掘保护传承商丘地区优秀历史文化资源。

　　商丘历史悠久,文化灿烂,处于华夏文明起源的核心区域,是中华民族文明发源地之一。商丘历史文化是华夏历史文明的重要组成部分,并发挥着重要作用。华夏五千年文明史在商丘从无间断,这是商丘的特点和优势。

商丘是中华民族和中华文明的发源地之一

　　毛泽东同志曾在红军长征到达陕北后说过非常著名的两句话:"自从盘古开天地,三皇五帝到如今。"中华文明的源头是三皇五帝,据《尚书大传》《风俗通义》等古籍记载:三皇即燧人氏,称燧皇,伏羲氏,称羲皇,神农氏,称农皇;五帝即黄帝、颛顼、帝喾、尧、舜。据史料记载，三皇五帝都曾在商丘及周边留下过足迹，其中"三皇"中的燧人氏、神农氏和"五帝"之一的帝喾高辛氏长期生活在商丘。燧人氏钻木取火，"以化腥臊"，开启了中华先民的熟食时代和人类文明的新纪元，被奉为"人文始祖"。火的发明和应用，极大地推动了人类社会的进步。一方面，开启了人类的熟食生活，引起人类习性以至生理上的变革，从而使人类从动物中分离出来；另一方面，有了火，极大地推动了氏族社会生产力的发展。燧人氏被后人奉为火神，成为三皇之首。如今，位于商丘古城西南1.5公里处的燧皇陵就是历史的见证。

神农氏就是传说中的炎帝，也叫朱襄氏。《吕氏春秋·古乐》记载，朱襄氏受伏羲氏禅位而有天下。炎帝本为朱襄氏，因其开创了上古农业文明，被尊称为神农氏、农皇。在当时陈州的柘城（今商丘市柘城县），在县城东十里朱崮寺（今柘城县大仵乡朱堌寺村）有朱襄陵。所以可以得出结论"炎帝神农氏都于商丘"。

帝喾是五帝之一，也是"五帝"之首黄帝的曾孙，受封于高辛（今商丘市睢阳区高辛镇），故又称高辛氏，《史记·五帝本纪》记载，高辛"聪以知远，明以察微。顺天之义，知民之急"。《史记·殷本纪》也记载："殷契，母曰简狄，有娀氏之女，为帝喾次妃。三人行浴，见玄鸟堕其卵，简狄取吞之，因孕生契。"帝喾次妃简狄吞玄鸟之卵而生契，契就是商人的始祖，这也是《诗经·商颂》中所说的"天命玄鸟，降而生商"。《左传·昭公元年》记载："昔高辛氏有二子，伯曰阏伯，季曰实沈，居于旷林，不相能也。日寻干戈，以相征讨。后帝不臧，迁阏伯于商丘，主辰。商人是因，故辰为商星。迁实沈于大夏，主参。"这段记载说明，帝喾的两个儿子不和睦，日寻干戈，互相征讨，无奈，帝喾只好将他们分别分封到商丘和大夏（今山西太原），实际上阏伯与契为同一人（历史学家郭沫若考证），即是商族的始祖。到阏伯六世孙亥的时候，商部落已经比较壮大，生产出的产品自己用不完。亥聪明勇敢，服牛驯马以利天下，带着族人赶着牛车到别的部落进行产品交换，以物易物，开创了华夏商业贸易的先河。《管子·轻重戊》记载："殷人之王，立帛牢，服牛马，以为民利。"因此，商丘被称为"华商之源"。

商丘不仅是中华古文明的发祥地之一，也是中国姓氏文化的重要发源地。据专家考证，商、子、汤、宋、戴、武、钟、殷、葛、穆等许多姓氏都发源于商丘。至今，商丘大地上仍然留存有燧皇陵、阏伯台、帝喾陵等文化遗迹，有力地证明商丘是远古人类活动的主要区域之一，商丘在华夏文明发展初期就具有重要的地位。商丘的历史文化伴随着华夏历史文化的产生而产生、发展而发展，见证了华夏文明的历史沧桑，也是华夏文明辉煌灿烂的地方代表之一。

商丘是春秋战国和两宋时期著名的"圣人之都"

华夏文化的发展在其核心地带展现了强大的生命力。进入春秋战国时期，形成了儒、道、墨等所谓的"诸子百家"，中华文化出现了"百花齐放，百家争鸣"的鼎盛局面。春秋战国时期，商丘为宋国区域，宋国是"中华圣人文化"的源头，处于中国传统文化核心地位的儒家、道家、墨家、名家四大学派皆出自宋国。诸子百家中，老子、庄子、墨子、惠子的故里，以及孔子的祖居之地，均在商丘及附近。这个时期的商丘被称为"圣人之都"，以商丘为轴心，辐射周边，在豫、鲁、苏、皖地域交汇处形成了"中华圣人文化圈"。

诸子百家中的这些圣人、圣贤都与商丘有着重要的联系。《汉书·艺文志》曰："儒家者流，盖出于司徒之官。"说明儒家文化的源头是商的始祖、尧舜时的司徒契。儒家始祖孔子的祖籍就在商丘，孔子"少居鲁，长居宋"，曾多次回到宋国，娶亲、祭祖、讲学，自觉继承了商汤"以德理政"的传统，形成儒家以"仁"为代表的思想。道家代表人物老子是鹿邑人，长期在商丘一带活动。道家的另一位代表庄子，其故里就在民权县境内，遗存有庄子井、庄子墓等。墨家的代表人物墨子是宋国人，长期奔波在鲁楚等地，曾做过宋国的大夫。名家的惠施以及融合道、墨两家的宋钘，均为宋国人。被西方学者称为"轴心时代"的春秋战国时期，为华夏文明的发展注入了强大的生命力。诸子百家的儒、道、墨、名等或起源于今天的商丘，或与商丘有着重要的联系，在夏、商、周三代文明的引领下，以宋国为中心，在春秋战国时期形成的"中华圣人文化圈"，成为华夏历史文化的重要内容，影响了数千年中华文化的发展进程。

两宋时期的商丘古城，开创了中国华夏文化继春秋"百家争鸣"圣人文化后的又一座文化高峰。坐落在商丘的应天书院为北宋"四大书院"之首，在中国古代教育史上的地位难以超越，北宋名臣范仲淹在此由求学到讲学，他继承戚同文"天下同文"之志，以"天下为己任"，为北宋培养了大批国之重臣。

商丘是中国重要的古都城之一

商丘是 1986 年国务院公布的我国第二批历史文化名城，时任国家文物局局长单霁翔称其为"中国城建史博物馆""中国天然城池博物馆"，建城历史可以上溯到夏商时期。文明的漩涡在不断地汇聚力量，发展壮大。著名历史学家、北京大学教授李零先生提出了一个重要观点，华夏文化的古都城主要分布在北纬35°（更准确地说，是在北纬34°至35°之间，大体相当于渭水和黄河中下游流经的地方）左右，即今曲阜、商丘、郑州、洛阳、西安、宝鸡、天水一线，形成了夏、商、周三大文明板块。根据《史记》等传世文献记载，商族的早期活动地区就在"商板块"南部，其第一都城"亳"就在今天的商丘东南部。《史记·殷本纪》裴骃《集解》引皇甫谧语："梁国谷熟为南亳，即汤都也。"张守节《正义》引《括地志》云："宋州谷熟县西南三十五里南亳故城，即南亳，汤都也。"这里的梁国、宋州都是指今商丘，谷熟是今虞城县谷熟镇。从传说中的帝喾都亳，到有文献记载的商汤都南亳，直到清朝末年，商丘的城市地位一直非常重要。商丘具备了作为"大古都"的历史、政治等构成因素，成为中国历史上重要的古都城之一。因此，中国古都学会在《2015 年中国古都学会年会关于推进商丘市古都文化研究与发展的意见》中指出，商丘是中国古代重要的都城之一。

商丘是历史上影响中国命运的战争事件的多发之地

商丘地处豫东平原，"广衍沃壤，则天下之膏腴"，襟带河洛，背依黄河，屏蔽江淮，历史悠久，素为中原门户，自古为兵家必争之地。楚宋鏖兵于泓水而定兴衰，汉高祖斩蛇于芒砀以兴义师，张巡拒逆于睢阳乃佑江南一隅。明清以降，反帝反封建的太平天国、捻军均长期于商丘活动，为共和国举行奠基礼的睢杞战役、淮海战役都以商丘为主战场。在商丘的土地上演出过一幕又一幕足以改变历史进程的战事，在中国军事史上有着重要地位。

平定汉初"七王之乱"，商丘成为稳固汉室的首功之地。汉景帝二年（前 155），御史大夫晁错上《削藩策》，提议削弱诸王势力，加强中央集权。汉景帝采用晁错的建议，于次年冬下诏削夺吴、楚等诸侯王的封地。以吴王刘濞为首的七个刘姓宗室诸侯王，由于不满朝廷削减他们的权力，以"清君侧"之名举兵向西。《史记·梁孝王世家》记载，七国反叛，行至梁国（今商丘），吴楚先攻击梁国的棘壁（今商丘市柘城县境内），杀死数万人。梁孝王据守睢阳城，命韩安国、张羽为大将军，抵抗吴楚之兵。吴楚之兵无法西进，转而进攻周亚夫的军队。周亚夫固守壁垒，不肯交战，且暗中派兵南下，夺取泗水入淮之口（今江苏淮安境内），断绝了叛军的粮道，吴兵大败，士兵多半饿死或逃跑，周兵率队追击，大破吴楚联军。吴楚先头军被破，七国叛军阵脚大乱，兵败如山倒。由此足见梁国睢阳城在汉代军事地位之重要。

　　张巡血战睢阳城，使商丘成为佑护大唐复国的"江淮屏障"。天宝十四年（755）冬，影响中国历史进程的安史之乱爆发。河东三镇节度使安禄山发动所部镇兵十五万众，反于范阳，"烟尘千里，鼓噪震地"。当时海内承平数十年，猝闻范阳兵起，远近震骇，所到之处，守将或不战而逃，或望风而降，京师震惊，唐玄宗被迫南逃。至德二年（757）安禄山死后，其子安庆绪继任并派出大将尹子奇率领叛军围攻地处睢阳渠要冲的睢阳城。太守许远自度实力不足以抗敌，就邀请当时据守宁陵的唐朝名将张巡来协助自己一起保卫睢阳城。张巡随即率兵三千入驻睢阳，与许远合兵一处，共保睢阳。睢阳为大城，城高墙厚，城内居民有数万之众，经过张巡、许远的战略部署，更为坚固，叛军多次进攻未果。《新唐书·张巡传》记载，当时睢阳城内粮尽，将士曾提议夺城东奔，得粮食后，与敌军决一死战；但张巡、许远以为睢阳是豫东门户、中州锁钥、江淮屏障、河洛襟喉，叛军据而有之，必将战火引向江南，大唐便失去粮饷供应。张巡、许远等人宁可死守也不愿弃城，可见睢阳城战略地位之重要。睢阳之战，从至德二年一月开始，至十月陷落，张巡及其部将保护江淮半壁江山免于战乱十个月之久。当时，唐王朝也仅靠长江、淮河流域的赋税支撑，睢阳位于大运河汴河河段中部，是漕运重镇，如果失守，河运中断，后果不堪设想。睢阳城坚持十个月之久，在此期间朝廷不断获得江淮财赋的接济，完成了恢复、准备到反攻的过程。在睢阳城破前一个月已收复西京长安，在睢阳陷落十天后又收复了东京洛阳，叛军无力南下，唐王朝得以保全。唐代文学家韩愈曾在《张中丞传后叙》一文中评价此次战役之功："守一城捍天下，以千百就尽之卒，战百万日滋之师，蔽遮江淮，沮遏其势，天下之不亡，其谁之功也！"

　　淮海战役是决定当代中国命运的关键一战，商丘是淮海战役的肇始地和结束地。商丘作为决定中国命运的淮海、渡江两大战役的总前委所在地，在全国是独一无二、绝无仅有的，为淮海战役、渡江战役、全中国的解放以至新中国的建立作出了巨大的历史性贡献，有着不可替代的作用。1948 年 11 月 6 日，虞城县张公店战斗打响了淮海战役第一枪，拉开了淮海战役的序幕；1949 年 1 月 10 日，淮海战役在永城县陈官庄地区画上了圆满的句号。商丘是淮海战役总前委司令部、政治部、后勤部、总兵站所在地，是解放战争时期我党我军中原地区的政治、军事、指挥中心，是我党我军的大后方基地，是淮海战役的大本营。淮海战役总前委司令部就设在今睢阳区张菜园村，刘伯承、邓小平、陈毅等人在张菜园村指挥了淮海战役第三阶段的战斗。商丘是对淮海战役支持最大、贡献最多、牺牲最重的地方，仅永城、夏邑两县就出动支前民工一百六十万人次，贡献粮食 1.5 亿斤，为战争的胜利作出了重大贡献。

总之，商丘历史悠久，文化厚重，内涵丰富。商文化、火文化、圣贤与名人文化等作为其鲜明代表，是中华民族诚信精神、契约精神、创新精神、拼搏精神、奉献精神的集中体现。商丘儒、墨、道文化的内涵着重体现了忠诚孝道、社会和谐、道德修养、礼义廉耻、理想人格、和而不同的思想品格。在商丘发生的历次重大战役中孕育了敢于担当、恪尽职守、坚守正义、英勇奉献的爱国主义精神气概。这些都与中华优秀传统文化的精神内涵相一致，成为中国历史文化重要的组成部分，为华夏历史文明作出了重要贡献。

地方文化典籍史料的搜集整理应该真实而全面

文字是人类文明发展到相当程度之后的产物，中华民族有详细文献记载的历史始于西周共和元年，即公元前 841 年。夏商周断代工程考据发布的《夏商周年表》，确定夏代始年大约为公元前 2070 年，距今约已四千多年。《史记》首篇从《五帝本纪》开始，黄帝距今约五千年。三皇在五帝之前，燧皇位居三皇之首，学界一般认为燧人氏时代在一万年之前甚至在十万年前。商丘有全国唯一一座燧皇陵，是"中国火文化之乡"。所以商丘的文化史不应受五千年文明史的时间局限，必须广泛、全面收集整理文化史料，以传后人。

王国维提出"二重证据法"，即以地下的材料与纸上的材料相比较以考证古史的真相。黄现璠将历史文献、考古史料、口述历史三者结合起来的治史法，称为"黄氏三重证据法"。近年有叶舒宪等学者提出应用"四重证据法"研究文化史，包括传世文献、出土文献和文字、人类学的口传与非物质文化遗产（民俗学和民族学材料）、图像和文物。由于黄河改道泛滥等原因，商丘地区大量古代人类文化遗迹湮没于地下，不能因为暂时考古发现不够而否定文献记载、民俗活态文化的真实性；由于文明悠久而传播远阔的原因，不能因为某些文化资源在全国不具有唯一性而舍弃不做记载传承。

华夏历史文明传承创新区建设是党中央、国务院赋予中原经济区的重大文化使命。以坚定的文化自信，承担起传承华夏历史文明的责任，商丘人敢于担当。相信《文化商丘》系列丛书的编纂出版将裨益于传承创新历史文明，裨益于商丘精神文明高地建设，裨益于商丘又好又快跨越发展。

是为序。

中共商丘市委书记　王战营

目　录

绪　论

商丘是国务院公布的第二批国家历史文化名城，商丘古城现存于地面上的明清归德府城和被黄河泥沙覆盖在地面下的宋国都城都是国家级文物保护单位。宋国都城的西南城墙角外侧有两座高丘，相距500米，西侧靠后的是燧皇陵，东侧靠前的是阏伯台。燧人氏钻燧取火，后世尊为"火祖"。阏伯是中国历史传说中最著名的火正，后世尊为"火神"，宋朝封为"商丘宣明王"。商丘长眠着中华"火祖"燧人氏、"火神"阏伯，是中华火文化的发源地、兴盛地。

一　历史悠久的火文化

我们都清楚地知道，人类生活每天都离不开火。深入研究就会发现，火的应用在人类文明发展史上有着极其重大的意义。可以说，对于人类的生存发展，火是一种巨大的生产力和物质力量，是人类进行生产活动、改造自然、进化自身的有效手段。火使人类摆脱了茹毛饮血的时代，使人类战胜黑暗与寒冷，拓宽了生存、生活、生产的范围与空间。从烧烤食物、取暖照明、驱赶野兽、刀耕火种、烧制陶器、冶炼铜铁，到火力发电、火箭上天，一百多万年来，人类带着火一路走来，人类对火的认识、使用和掌握，是人类认识自然并利用自然来改善生产和生活的伟大实践。

火文化研究关注的重点不是火的自然属性，而是火的社会属性，研究火文化的核心是考察人与火的关系。火文化是人类在认识火、制造火、使用火、控制火的过程中形成的思想认识及其实践行为、精神物化成果的总和。火文化总体上包括意识形态层、实践行为层、物质成果层三种形态层次，其内容涉及哲学、宗教、伦理、文学艺术、经济、文物、军事、地理、生物、物理、化学等诸多学科。可以说，火文化存在于人类生活的多个方面。

二　商丘火文化的特点

（一）历史悠久，领先时代

中华火文化起源于燧人氏钻燧取火。商丘长眠着中华"火祖"燧人氏、"火神"阏伯，是中华火文化的圣地。

一说商部族率先在商丘崛起，商丘的农牧业发展迅速，物产富余，开创了商品交换的先河，成就了商人、商品、商业的发源地，奠定了中华商文化的基础。商丘考古发现，先商部落一次祭祀就用了十头牛，可见当时的商部族是何等富足。商丘较早进入了陶器时代，考古出土的黑陶，具有黑、薄、硬、光的特点，是龙山文化陶器中的典型。商丘龙山文化遗址中发现了大量的石灰窑，并在建筑中广泛使用石灰，这在当时是很先进的。商丘一带商周时期的青铜器铸造、西汉时期的冶铁技术也都是当时比较先进的。

商丘境内的芒砀群山绵延80多平方公里，新生代时由于黄淮冲积等原因变为平原中的剥蚀低山丘陵。芒砀群山主要是石灰岩，结核状燧石常见于石灰岩中，在芒砀群山是比较容易见到的。传说远古商丘一带的山林中，有不少燧石裸露在外，人们用石块追打野兽时，石块和燧石相撞发出火光，燃着了枯草，他们从中得到启发，发明了钻燧取火。

（二）内涵丰富全面

商丘传承了千万年尊火、崇火、敬火、拜火、祭火的习俗，火神庙遍布境内各地。商丘有关火文化的文物和非物质文化遗产非常丰富。

古代商丘一带的墨子、庄子、戴德、戴圣、吕坤等先贤的著作，对火多有记述。墨子及其弟子保护宋国都城，就采用了多种防火措施。目前商丘有关火文化的 30 多项非物质文化遗产已列入市政府保护名录。

古文字学家王献唐在《古文字中所见之火烛》一文中说："煬商音同，义又相通，以商名地，疑亦由主火而起，称商亦犹称煬……商丘为主火之丘，其附近地带，亦因缘呼为商丘，或简称商。"

（三）具有代表性、典型性

商丘市睢阳区是目前唯一的"中国火文化之乡"，中华火文化发源地。2006 年 4 月，由河南省商丘市人民政府、中国科学院自然科学史研究所、河南省社会文化学会主办，中国科学技术史学会等单位协办，商丘市睢阳区人民政府承办的首届中国火文化研讨会在商丘市睢阳区隆重召开，来自国内外几十名中外知名专家经过实地考察，一致认为燧皇陵在商丘，商丘是古黎丘，是燧人氏在睢水流域的中心都邑。2009 年 1 月，中国文艺家协会发文确认商丘市睢阳区为"中国火文化之乡"，并决定在此建立"中国火文化研究中心"。

当代数次中华文明圣火均在商丘燧皇陵采集火种。1992 年 5 月，国家旅游局组织国际观光年"黄河之旅"首游式在燧皇陵采集"中华第一火种"；1992 年 7 月，河南省第七届运动会在燧皇陵采集火种，点燃运动会火炬；2005 年 7 月，第十届全国运动会在燧皇陵采集"华夏文明之火"。

三　本书对火文化的探索与描述

（一）研究火文化的意义

火虽源于自然，但人类却不容易得到它、控制它，人类通过人工取火创造性地利用自然之力成就了自身的生存发展，进而为改造自然提供了能量和条件。借助火产生的物理、化学变化，人们打开了认识自然的新路径，掌握了改变世界、不断满足人类需求的工具与手段。研究火文化有助于认识和把握人与自然和谐共生的规律，促进提高社会生产力，建设一个人类宜生、宜居、宜业的新世界。

火的使用化育了人类自身，熟食生活化育了人的生命体质，温暖环境化育了人的生活品质，火制器物化育了人的认识和创造能力，用火实践化育了人的思想精神世界。借助火的力量，人类生产出丰富的物质产品和精神产品，化育出高度文明的生命群体。研究火文化有助于深化认识和深刻把握人类自身成长进步的规律，促进提高精神文化创造力，建设科学、民主、公平、和谐、美好的新文化。

（二）对火文化探索与描述的思路

本书的内容围绕人类与火的关系展开，收集梳理中华民族尤其是中原人、商丘人在发现、使用、认识、控制火等方面的精神物质文化成果。内容展开主要有两条轴线：

一是以人类使用火的历史为纵向轴。把人类使用火的历史作为大背景，重点搜索和描述中国境内的古人类使用火的历史场景，聚焦中原人尤其是商丘人在发现火、使用火、控制火诸方面的历史状况，充分阐释燧人氏发明人工取火的重要意义，探索与描述火的使用与人类社会文明进步的关系。二是以人与火的关系为横向发散轴。重点探索和描述中华民族尤其是以商丘人为代表的中原人创造、传承、发展火文化的过程和精神成果。

以上两条轴线——人类用火的历史纵向轴与人火关系的横向轴，在每个层面都不能截然分开，所以在每一章中，它们总是纵横交织的。第一章为人类用火历史与燧皇人工取火，第二章为火正阏伯与火神崇拜，这两章主要是以纵向时间为轴叙述的。以下章节则是从意识形态到物质形态，逐渐展开描述人与火的关系。第三章是关于燧人氏与阏伯的传说故事、商丘的火文化民俗；第四章整理了与商丘有关的带"火"的语言文字；第五章描述了火与人类身体健康最直接的方面：火食与火疗；第六章"火行天下"，重点整理了古人与今人对火的认识，包括五行学说，梳理了火与人类生活紧密相连的诸多方面，如火种与燃料、火性与火灾、火药与火战、火与建筑材料等；第七章是关于商丘建设"中国火文化之乡"的记述和传承创新火文化的探索。

在本书编撰过程中，我们的目标是不出谬误，少留遗憾，但是经常感觉游走在对自然界和人类社会认知的边缘，往往触及自己知识的盲区，正像那句老话"越学越觉得自己无知"，越研究越认识到火文化涉及历史上下百万年，内容深奥无边。我们的工作是在前人认识的基础上开展和实现的，希望我们的探索劳作能给看到本书的人营建一个向火文化顶峰冲击、向火文化纵深发展的新驿站。中华火文化还在成长发展中，它不仅属于"中国火文化之乡"的商丘人民，属于中华民族全体人民，也属于全人类。我们希望本书能够突出火文化的商丘特色，也能够体现中华火文化的本色，同时保留人类火文化的底色，这个分寸的把握颇费心思，只愿我们的努力追求能给读者一点点启发，起到抛砖引玉的作用。

编　者

第一章　人类用火历史与燧皇人工取火

第一节　人类进化与使用火的历史

"自从盘古开天地，三皇五帝到于今。"司马迁《史记》以《五帝本纪》开篇，黄帝为五帝之首。黄帝时代距今约 5000 年。文字是人类文明达到一定程度的产物，最早的汉字——甲骨文是商朝（约前 1600—约前 1046）的文化产物，距今有约 3600 年的历史。我国有详细文字记载的历史始于西周共和元年，即公元前 841 年。夏商周断代工程考据确定的《夏商周年表》，确认夏代始年为公元前 2070 年。公元前 2070 年之前的中华民族历史，一般称为中华史前史。

远古先民在中国大地上是怎样生活的呢？他们什么时候开始用火？又是怎样用火的呢？人工取火技术什么时候出现的呢？

没有文字记载传世，但我们可以从古人口耳相传留下的神话传说等民俗资料、地下土层中遗存的人类骨骼化石及其伴生的物质文化材料等渠道，运用多种方式与方法去探寻我们中华民族乃至人类的历史发展进程。

让我们一起举起人类文明之火，踏入时空隧道，探寻人类的来路，努力解开有关人类用火的一个个谜题。

一　大自然中的火和人类的起源

通过不懈探索，现代科学逐渐揭开了人类的起源之谜。天文学家、地质学家、生物学家大多认为，宇宙大约有 150 亿年的历史，我们生活的地球大约有 45 亿年的历史，人类大约有 300 万年的历史。

宇宙的形成是从"大爆炸"开始的，也是从核能燃烧的"火"开始的；在高温和能量的膨胀中，物质逐渐构成了宇宙。银河系是一个充满能量的星系，几千亿颗恒星如同大大小小的"火球"分布其中，遥遥相望。太阳本身也是一个大"火球"，表面温度就超过 5000℃，它的能量来自原子核的燃烧。地球形成之初是一个由炽热液体物质组成的"火球"，随着时间的推移，外层逐渐冷却凝固成地壳。目前，地球表面适宜人类居住，但地下 100 公里深处温度约 1300℃，地心处的温度则在 6000℃以上，地球内部岩浆激烈运动有时会在地表呈现为"火山喷发"。

光合作用是地球上大部分生命的基础。地球保持着与太阳的距离，以最适宜的旋转动态接受着最适宜的光照。地球是宇宙中目前人类认识的唯一有表面液态水的星球，也是唯一有智慧生命的星球。

人类和其他生物是如何在地球上起源、进化的呢？地质学家和古生物学家根据地层自然形成的先后顺序和生物的演化，把地质生物历史划分为五个代：太古代、元古代、古生代、中生代、新生代。

（一）太古代、元古代、古生代

太古代是地质发展史中最古老的时期，延续时间长达 15 亿年，是地球演化史中具有明确地质记录的最初阶段。地球的岩石圈、水圈、大气圈和生命的形成都发生在这一重要而又漫长的时期。地球以每秒钟 30 公里的速度自转，这种旋转使地心深层的熔岩激荡。火山喷发、地震、造山运动、大陆漂移都是地球核心能量在地表不断释放出来的结果。在距今约 36 亿年至 25 亿年的太古代中期，出现了原核生物。部分生物"吃"二氧化碳，阳光是它们能够消化二氧化碳的"酵母"，在光合作用下，二氧化碳被分解成早期生命需要的碳和不需要的氧，正是这一简单的分解，为后来智慧生命的诞生创造了基础条件。可以说，一切生命皆源于大自然提供的能量。

元古代约开始于24亿年前，结束于5.7亿年前的"生命大爆发"，生物由原核生物过渡至真核生物。

古生代，意为远古的生物时代，开始于5亿多年前，持续大约3亿年。包括早古生代（寒武纪、奥陶纪、志留纪）、晚古生代（泥盆纪、石炭纪、二叠纪）。古生代对动物界来说是一个重要时期。在5亿多年前，一场"生命大爆发"拉开了古生代寒武纪的序幕。地质生物学家在寒武纪地层中一下子就找到了地球上今天所有大型动物的起源。"生命大爆发"为什么会发生？地质学家对地层分析发现：不同的地层含氧量不同，时间越往前，地层的含氧量越低，可知地球上的氧气是逐渐增多的。海洋能够首先充满氧气，应归功于太阳给予的能量和能进行光合作用的藻类，当时动物活动的范围还只限于海洋。大约4.5亿年前，在地球5万米高空形成了臭氧层，抵挡了紫外线的照射，大地开始逐渐变绿，植被在陆地上蔓延，动物从水里爬上陆地。古生代后期，爬行动物和类似哺乳动物出现了。

（二）中生代与新生代

中生代介于古生代与新生代中间，分为三叠纪、侏罗纪、白垩纪三个纪。化石遗存证明，中生代时期的优势动物是爬行动物，尤其是恐龙。这时原始哺乳动物和原始的鸟类已经出现。现知最早的哺乳动物化石是在中国境内发现的吴氏巨颅兽，它生活在距今2亿年的侏罗纪。中生代的下限是白垩纪生物灭绝事件，此次灭绝事件造成当时50%的物种消失，包括所有非鸟类恐龙。科学家们研究认为灭绝事件可能是由于一颗小行星撞击地球造成的，形成了全球大范围的火灾、烟灰与长达两年的地表黑暗。

新生代开始于7000万年以前，是地球历史上最近的一个地质生物时代，包括古近纪、新近纪和第四纪，以哺乳动物和被子植物的高度繁盛为主要特征，生物界逐渐呈现出了现代的面貌。约在距今 3300 万—2400 万年间，出现了猿。猿是 13 种大型的高智能灵长目动物的总称。约在距今 2300 万年—300 万年间，出现了类人猿。

1859 年，达尔文出版了《物种起源》，陈述了进化论学说。1863 年，赫胥黎发表了《人类在自然界的位置》，提出了人与猿同祖论。后来，地质生物考古发现的大量的化石资料，越来越清晰地证明：人类是由类人古猿进化而来的。类人古猿因其形态结构与人略有相似，故称类人猿，为灵长目中的高等动物。当然，类人猿与人类是不同的生物种属，类人猿的前肢较后肢长一点，而且后肢力量不足，因此，只能以前肢支撑半直立行走，这与人类有显著的区别。

自然界经常有野火燃烧，如雷电点燃森林、火山喷发引燃草木、草木在太阳辐照下自燃，等等。有专家推测，类人猿和原始人的直立行走可能与野火烧毁森林有关，他们不得不适应树木稀少的新环境，善于直立行走的族群逐渐兴盛起来。

更为进步的人类祖先是腊玛古猿，生活在距今约 1400 万—800 万年前。腊玛古猿首先发现于印度北部的西姆拉低山区，同类化石在东非的肯尼亚、欧洲的匈牙利以及中国云南的开远、禄丰等地均有发现。一些学者认为，腊玛古猿可能是从猿到人过渡阶段的早期代表，而南方古猿中的原始类型可作为晚期代表。[①]

王玉哲所著《中华远古史》称："我国是人类产生、发展的地区之一。1956 年到 1957 年，我国云南开远县小龙潭村发现了 10 枚古猿的牙齿化石。1978 年云南禄丰县又发现了禄丰古猿头骨化石。这些古猿距今约有 1000 多万年。他们大概就是现代人和现代猿的共同祖先。这种古猿已经在生活中本能地学会使用石块、木棒等天然工具，但还不会制

---

① 丁季华、龚若栋、章义和等：《中国古代文明起源》，上海科学技术文献出版社，2007 年，第 21 页。

造工具。他们在发展进程中已经达到两足直立行走的质变。"[①]

　　第四纪起于 300 万年前，是新生代最新的一个纪，包括更新世和全新世。劳动在从猿到人的过渡中起重大作用，当劳动和工具出现时，最原始的人类便产生了。全新世是最年轻的地质年代，从约一万年前开始，持续至今。全新世期间，人类熟练掌握了人工取火技术，可以自由用火，从火耕与农业革命奠基人类文明开始，人类渐次进入迅速发展的时代，以人类制造的工具为标志，先后称为新石器时代、青铜器时代、铁器时代、蒸汽时代、电气时代、计算机时代。

二　中华远古人类与使用火的历史

　　人类不是天生就会用火的，在人类进化与发展的过程中，使用火、控制火发挥了越来越重要的作用。

　　中国的原始社会，大约从 170 万年前的元谋人开始，到公元前2070 年夏朝建立前夕为止，经历了原始人群和氏族公社两个阶段。原始人群阶段是中国远古史早期的组织化较弱的人类社会，氏族公社阶段包括已经形成血缘纽带的组织化较强的母系氏族公社和父系氏族公社两个时期。

　　原始社会大致对应的是人类生物学上的猿人、智人两个阶段。猿人阶段包括早期猿人和晚期猿人两个时期，智人阶段包括早期智人和晚期智人两个时期。

（一）早期猿人时期（约 300 万年—约 150 万年前）

　　早期猿人，也称能人（*Homo habilis*）。能人的化石在非洲肯尼亚和中国云南元谋有发现，是早期的直立猿人。他们的形态特征与古猿仍有许多近似之处，低低的前额，高高的眉骨，嘴巴向前突出，不完全笔直的身躯，基本特点是能够直立行走，并能制造简单的工具，脑容

---

① 王玉哲：《中华远古史》，上海人民出版社，2000 年，第 10 页。

量较古猿亦有所增加。

西侯度文化，是中国已知最早的旧石器时代文化遗存，位于山西芮城西侯度村附近，经过 1961—1962 年两次发掘，据地磁断代初步测定，年代为距今 180 万年。据相关发掘资料介绍，该遗址共发现石制品 32件，包括石核、石片等经过加工的石器，还发现带砍痕的鹿角和烧骨，表明这是一处人类活动遗址，而且当时人们已经知道用火。

1965 年，中国地质科学院在云南元谋县发现了猿人化石，称为"元谋人"。元谋人的年代距今约 170 万年左右。在出土猿人化石的地层中发现了大量炭屑，炭屑大致分三层，与哺乳动物化石伴生。1975 年冬的发掘中，还发现了两小块烧骨。研究者认为，这些是当时人类用火的遗存，这表明在距今 170 万年左右的元谋人也已经使用火。

最初，原始人对自然界因雷电、火山等原因引发的大火一定是恐惧的，但当他们拣到被火烧烤过的野兽、野果、野菜等物品，食用后发现易于咀嚼，口感更好，就会意识到火的好处，就开始使用自然野火烧烤食物。这个阶段对火的使用，应属于零星的、随机的。

（二）晚期猿人时期（约 150 万年前—约 20 万年前）

晚期猿人也称直立人（*Homo erectus*），其化石分布于亚、非、欧许多地点；我国发现的"蓝田人""北京人"均属晚期猿人。晚期猿人能够直立行走，能制造石器，会使用、管理火。

在中国境内 50 万年前的旧石器早期文化遗存中，积存的灰烬表明他们已有管理火的习惯和能力。1929 年在北京周口店龙骨山的洞穴堆积中发现了一个完整的猿人头盖骨化石。测定地质时代为中更新世，距今大约 70 万—20 万年。这种猿人，被命名为"中国猿人北京种"，或称"北京人"。"北京人"属直立人，其化石是旧石器早期人类化石。在居住的洞穴内发现有大量积存的灰烬，较大的灰烬层有四个，第四层的灰烬堆积厚度多达 6 米。在灰烬层中，发现了许多被烧过的石头、骨头、树籽以及木炭块，这是人类有意识用火的遗迹。从出土的鹿角上可以看出，北京猿人已经懂得在要截断的部位先用火烧，才更容易截断。灰烬成堆，表明他们已经长期使用火，应该具有了管理火种的能力。

晚期猿人阶段是古人类主动使用火的阶段，虽然火种源于自然界的野火，但是人们已经非常珍惜火，能够长期自觉保存火种，这一阶段大约经历了 100 多万年。

在接触火、使用火的实践中，他们逐渐认识到火能够加热食物、取暖、照明、驱赶野兽、制作工具，就逐渐从随机使用自然野火进步到自觉寻找火源的阶段。

在使用管理火的过程中，族群内部会形成分工，有人照看火塘，有人负责备柴添薪等；如果所有部落都没保存好火种，那就只有等自然野火再次出现，尽管这种等待是漫长痛苦的。可以推想，这个阶段古人类非常渴望得到火种；可以说，能够自由用火是人类一个长达百万年的探索与追求的历程。流传至今的很多关于寻找火种的神话传说或许就是这一时期人们渴望自由用火的思想意识的积淀与反映。

（三）早期智人时期（约 20 万—约 5 万年前）

智人为地球上现今全体人类的一个共有名称。早期智人阶段大体对应旧石器时代中期。考古学者经过研究认为，这时的中国早期智人已发展到了自由用火阶段，已经学会了人工取火。

掌握了火，智人有了与大型动物较量的武器，在围猎时胜算就多了，甚至可以引火焚烧猎物。数百万年里人类一直处于生物界食物链的中间位置，采集植物，猎杀小动物，但一直受大型动物的威胁。人类借助火的威力终于登上了食物链的顶端，这是人类成长发展的一个飞跃式变化。

在中国使用火的考古发现中，陕西大荔甜水沟遗址距今 20 余万年，山西阳高许家窑遗址距今 10 万年左右。这些均属于旧石器时代中期，石器种类增多，功能分化，骨器制作有所发展。

关于燧人氏钻燧或钻木取火的时代，我国史学界在认识上一般多趋同于翦伯赞先生在《先秦史》一书中提出的"旧石器时代中期"之说。大家普遍认为，中国已发现的旧石器时代中期的文化遗址中，火的发现与应用，是这一时期原始人类生产力展现出的最主要特征之一。

在商丘古城西南侧，坐落着中国唯一的"燧人氏陵"，几百年前的地方史志明确记载此处"传为燧人氏葬处"。燧人氏陵是一份见证，它向世人展示着燧人氏人工取火促进社会发展的伟大功绩，诉说着人类从黑暗走向光明的成长历史，表达着人们对于发明人工取火的"火祖"的敬仰与崇拜。

如果说劳动创造了人，那么能够自由用火，才真正推动人类快速进入到文明新时代，使用火、控制火特别是人工取火是人类远古时期最伟大的科技发明成就。

（四）晚期智人时期（约 5 万年—约 1 万年前）

晚期智人时期仍处于母系氏族社会，大体对应旧石器时代晚期，华夏民族传说的"三皇"主要是在这个时期。他们的体质特征已很接近现代人，已普及人工取火技术。我国境内发现的这个时期的遗址，有内蒙古的"河套人"、广西的"柳江人"、四川的"资阳人"、北京的"山顶洞人"等。

考古发现这一时期文化遗址中有钻孔的石器、玉器、骨器，考古学者推测人工取火的技术已经逐渐推广和成熟。

据王玉哲《中华远古史》记载：

> 1933 年我国考古学家为了继续探寻周口店北京猿人洞穴的顶部遗存，结果发现另外一个人类穴居遗址的人类化石，因为在北京猿人洞穴的顶部发现，所以定名为"山顶洞人"。遗址的绝对年代，过去定为 10 万年左右，后来根据碳 14 测定，为距今 18865bp±420（ZK136—0；半衰期值 5730 年），即距今约在 18445—19285 年之间，从 10 万年左右缩短到 19000 年左右。
>
> 山顶洞人已经能够制作比较精致的各式各样的石器和骨器。石

器有绿色砂岩打制成的巨大敲砸器、石英、火石、燧石的碎片。骨器内有一件骨针，长 82 毫米，眼部残破，针眼是刮挖而成的，整个针身圆滑，是磨制而成的较精致的骨器。可以推测当时人类已有连缀兽皮作为衣服的能力，不再完全赤身露体了。

山顶洞里发现了火烧的灰烬。大约这时的人类已学会了人工取火的方法。因为这时初步的钻磨技术已经出现，而磨擦技术是磨擦取火的基础。燧人氏"钻燧取火，以化腥臊"的古代传说，正是这一历史时期人工取火的反映。①

（五）现代人时期（约 1 万年以来）

现代人最大的特点是有了发达的头颅和大脑。经过 200 多万年的进化，人类脑的容量扩大了两倍，平均脑容量达到 1200—1400 毫升。显然，有了庞大的头脑，人类才有了认知革命，反过来说，提升了认知能力，又促进了大脑发育。

农耕和畜牧是当时主要的生产事业，人们学会了火耕，开始选择平原肥沃的土地，烧荒种地，种植粟和水稻等植物；有火烹饪，食肉成为习惯，开始饲养大量的猪、狗、牛、羊等牲畜；同时，打猎和捕鱼也还占有重要的地位。在生活方面，携带火种，离开天然洞穴，学会了建造半地穴和地上的房屋，冬夏避寒暑，平时防野兽，避风雨。在室内建造灶坑或灶台，生火做饭，结束了穴居野处的生活方式，自由选择适宜的居住地方，氏族集群居住，建成自己的村落，开始过着定居的生活。人们已经创造出了简单的记事刻画符号，也就是原始文字的萌芽。在氏族公社内，土地、房屋和牲畜归大家公有，氏族公社成员共同劳动，共同生产与消费，过着平等的生活。

我国新石器文化中的仰韶文化，因 1921 年首先在河南省三门峡市渑池县仰韶村发现而得名。仰韶文化的中心区域在河南、山西、陕西，

---

① 王玉哲：《中华远古史》，上海人民出版社，2000 年，第 34—35 页。

而在西起甘肃、青海，北至内蒙古，南至汉江流域都发现了仰韶文化遗址。仰韶文化碳14断代年代约为公元前5000—公元前3000年。

王玉哲在《中华远古史》中介绍："新石器时代一项新兴的手工业是制陶业。先前人们在改进石器、骨器时，只能改变工具的形状，不能改变其性质。到了制作陶器时，人类才第一次利用火的烧炼，使陶坯起了化学变化，制成多种样式既美观又便于利用的器物。制陶业是仰韶文化的最高成就。在西安半坡、华县泉护村等遗址，都发现了一些专为制造陶器的土窑遗址。仰韶文化遗址出土的彩陶器，陶土经过精细淘洗，不含粗大砂粒"，"放入封闭不很严密的窑中烧制。火候一般高至1000℃到1400℃"，"仰韶文化遗址出土的陶器种类较多，如炊具有鼎、甑、釜和陶灶等，陶灶可以随意搬动，使用方便；饮食器有钵、碗、盆、盘、杯等；汲水的用具有小口尖底瓶；储藏食品或盛水的有瓮、罐等"。彩陶是仰韶文化的代表特色，烧制精美的陶器，火的使用、火候的把握，当然是必不可少的因素。

新石器时代晚期的代表性文化遗存是龙山文化，属铜、石并用时代文化，因1928年首先发现于山东省章丘县龙山镇而得名。龙山文化可细分为山东龙山文化、河南龙山文化、陕西龙山文化等。河南龙山文化主要分布于豫西、豫北和豫东，分为王湾三期、后冈二期和造律台三个类型，年代约为公元前2600—前2000年左右，龙山文化造律台类型就是因为在商丘境内永城造律台发现而得名的。考古学界一般认为，河南龙山文化处于原始社会解体阶段，孕育并最终发展为中华文明初期的青铜文化。

在龙山文化时期，创造了转动很快的陶轮。快速旋转下塑形的陶器，形状更加规整，薄厚均匀。陶窑也有改进，火塘加深，火口缩小，窑室密封，提高了窑室的温度，陶坯中的铁元素得以还原，又有意让烟炱熏黑，烧成了闪光发亮的黑色陶器称为"蛋壳黑陶"，薄如纸，硬如瓷，声如磬，色如漆，"蛋壳陶"在商丘市也有出土。

三　商丘考古发现的文化遗址及用火遗迹

商丘位于河南省东部，地处黄淮冲积平原腹地，它的变化与黄河紧密相连。

中华文明最早的发祥地主要集中于黄河、长江流域，尤以黄河流域最为集中，故中国人称黄河为"母亲河"。黄河中上游以山地为主，中下游以平原、丘陵为主。由于流经黄土高原，河水夹带大量的泥沙，其中一部分留在了黄河下游，逐渐形成中国面积最大的冲积平原，也称为"中原"。这里地势平坦，土壤肥沃，气候适宜，有利于农业种植和畜牧业发展，有利于人类生存繁衍，遂成为华夏民族的摇篮。

"中原"地处中国版图中心，范围相当于今河南省及其毗邻地区，包括山西东南部、河北南部、山东西部、安徽西北部、江苏北部等大片区域。从夏朝到宋金时期的 3000 多年间，中原地区一直是中国政治、经济和文化的重要区域，先后有二百多位帝王建都或迁都于此，自古就有"得中原者得天下"之说。中国有历史记载或考古证据表明，在历时较长的主要政权定都的八大古都中，中原地区占四个，分别是在洛阳、开封、郑州和安阳。商丘位于中原之中，商丘也是中国古都所在地之一。

商丘坐落于黄河流域和淮河流域的环抱之中，泥沙淤积较厚，一般深 5—6 米，最深者可达 10 米以上。境内以平原为主，唯东部有芒砀群山，芒砀群山形成于中生代末的燕山期，距今约 1.37 亿—0.8 亿年，新生代时经黄淮冲积等原因改造，成为低山丘陵。

因为黄河与淮河长期冲积的原因，商丘地区的古文化遗迹很多都被覆盖在地下土层之中，只有距离黄河中心河道较远的南部地方，还有少数高丘堌堆露出冲积土层，为当代人考察古代文化提供了宝贵证据。

根据现有考古资料分析，新石器时代至夏商时期的商丘考古学文化大致包括仰韶文化、大汶口晚期文化、龙山文化、岳石文化、早期二里岗上层文化、殷商文化等若干发展阶段。商丘地区仰韶文化遗存大多分布于商丘地区西部。郑清森《商丘的考古发现与初步研究》

称："近年来，文物考古工作者在商丘境内发现了许多古文化遗址，如虞城营郭遗址，永城王油坊遗址、造律台遗址、洪福遗址，夏邑清凉山遗址、三里堌堆遗址等，文化内涵包括大汶口文化晚期和龙山文化遗存，说明至少在五六千年前商丘一带就有人类居住。尤其是龙山文化遗址分布比较密集，出土的遗迹和遗物也比较丰富，这类遗址以永城王油坊遗址或永城造律台遗址较有代表性，后来考古工作者或专家学者将商丘境内发现的龙山文化遗存称为龙山文化王油坊类型，或称为龙山文化造律台类型。"①

1936 年 11 月，著名学者李景聃先生在安阳殷墟发掘尾声时，专程到商丘开展考古调查，目的是寻找早期商城，他在永城发现王油坊等文化遗址，并对造律台、黑堌堆、曹桥三处遗址进行小规模的考古发掘，出土了一批陶器、石器、骨器、蚌器、角器等。同时感叹道："查商丘屡遭河患，据县志所载，自宋太祖开宝四年至清康熙四十年的七百三十年间，已遭河决、大水十七次……经过这样的水患，无怪乎旅行商丘境内触目沙田，一望无际！普通地面淤土深约五尺，其下即为黄沙……无怪乎汉代陶片都见不着，更谈不到史前遗址了！"②

1976 年至 1977 年，中国社会科学院考古研究所和商丘地区文物管理委员会先后三次对商丘地区各县古文化遗址进行考古调查，共发现龙山文化遗址 17 处，殷商文化遗址 15 处。在考古调查的基础上，于1977 年至 1978 年先后对永城王油坊遗址、黑堌堆遗址、柘城孟庄遗址、睢阳区坞墙遗址、睢县周龙岗遗址等进行考古发掘或试掘，发现了一批大汶口文化晚期、龙山文化造律台类型、早商二里岗上层文化、晚商文化的遗迹和遗物，初步掌握了商丘地区早期考古学文化的面貌。

1994 年春至 1997 年 6 月，中国社会科学院考古研究所和美国哈佛

---

① 郑清森：《商丘的考古发现与初步研究》，中国广播电视出版社，2005 年，第 4 页。
② 李景聃：《豫东商丘永城调查及造律台、黑孤堆、曹桥三处小发掘》，《中国考古学报》，1947年第 2 册。

大学组成的中美联合考古队对商丘各县的古文化遗址进行调查和复查，先后对睢阳区潘庙遗址、虞城马庄遗址、柘城李庄遗址进行考古发掘，发现大汶口晚期、龙山文化、岳石文化、商文化、东周和汉代文化的地层堆积和遗存。

2002 年 11 月至 12 月，郑州大学历史学院考古系对商丘地区 24 处新石器时代至夏商时期古文化遗址进行了重点复查，并对民权李岗遗址进行了小规模试掘。调查结果表明，24 处古文化遗址中包含有仰韶文化遗存 3 处，大汶口文化遗存 5 处，龙山文化遗存 23 处，岳石文化遗存 9 处，先商文化遗存 5 处，早商晚期遗存 6 处，晚商遗存 18 处以及东周至汉代遗存 22 处。

我们依据《商丘的考古发现与初步研究》及相关的考古报告资料，对几个遗址简单介绍如下：

1976 年至 1977 年，中国社会科学院考古研究所和商丘地区文物管理委员会先后两次对永城黻城王油坊文化遗址进行发掘。发现了丰富的龙山文化遗存，分为上、中、下三大层，为三个紧密的发展阶段。经碳 14 数据测定，王油坊遗址上层约为公元前 2300 年，中层约为公元前 2400 年，下层约为公元前 2500 年。共发现房基 20 座，灰坑 44 座，石灰坑 1 座，石灰窑 3 座，墓葬 5 座。下层遗址房基分为半地穴式和地面建筑两种，中上层遗址房基均为地面建筑，上层遗址墙体筑砌时有层层烧硬现象。灰坑形状有圆形、椭圆形、圆角方形，较大的灰坑口径 3 米左右，深 1 米多，坑内出土较多陶片、蚌壳及一些烧过的人头骨残片。发掘出的遗物分为陶器、石器、骨器、角器、蚌器等，以陶器为大宗。陶器以灰质泥陶为主，其次是夹蚌壳末的棕色或褐色陶。泥质陶皆为轮制，夹蚌陶皆为手制。陶器表面多为素面，磨光陶也有相当的比例。器型有罐、鼎、碗、瓮、豆、壶、圈足盘、杯、盆、器盖等，还发现有陶纺轮、陶网坠、陶拍、陶抹子、陶垫、陶猪、陶鸟头等。石灰窑皆为直壁平底圆坑，底部与周壁呈红色或灰青色，窑坑内出土有石灰块、未烧透的石灰石、烧土块、草木灰。王油坊文化遗址发现的有用土坯错缝砌筑的墙，证实当时的人已经掌握了烧制石灰的技术。

1977 年，中国社会科学院考古研究所和商丘地区文管会对造律台遗址进行考古调查。该遗址分上、下两部分。上部为商代文化堆积，陶器种类有鬲、鼎、盆、尊、豆等。下部为龙山文化堆积，陶器多为泥质灰陶，也有少量泥质黑陶、褐陶和红陶，夹砂陶较少，器型主要有鼎、罐、圈足盘、碗、豆、杯、盆、壶、甑等，石器较少。2002 年底，郑州大学历史学院考古系对造律台遗址进行考古复查，采集有大汶口文化晚期、龙山文化、岳石文化和晚商时期的陶片。

1995 年 4 月至 1997 年 6 月，由中国社会科学院考古研究所和美国哈佛大学组成的中美联合考古队对柘城申桥乡李庄遗址进行考古发掘。该遗址文化层厚四米多，文化内涵包括东周、商代晚期、岳石文化和龙山文化，其中以龙山文化遗存最为丰富。灰坑形制有圆形、方形、长方形、椭圆形、不规则形等几种，绝大多数灰坑内堆积有灰土、陶器碎片和生活废弃物，少数灰坑内有炭化的粮食粟，其作用似为窑穴。房基有圆形、方形、长方形几种，均属地面建筑，其中以六间排房式建筑最为壮观。排房墙体为木骨草泥土垛成，各房之间互不相通，各有自己的门道，门均朝南。房基内多有烧灶，室内地面多为红褐色烧土面，也有白灰面地面。清理出祭祀牛坑一座，坑内共埋有完整或不甚完整的牛骨架十具和鹿下颌骨一副，该牛坑的性质应与祭祀有关。

李庄遗址龙山文化遗物包括陶器、石器、骨器、蚌器、角器等。陶器以泥质灰陶为主，几乎不见夹砂陶。陶器绝大部分为轮制，手制极少。器物表面以素面为主，磨光也占有一定比例。器型主要有深腹罐、大口罐、鼎、杯、圈足盘、豆、甑、盆、钵、鬶、盉、碗、器盖等。李庄遗址的龙山文化遗存与王油坊遗址的文化遗存基本相同，同属于龙山文化王油坊类型，但又具有一定的地方特征。

1977 年 5 月，中国社会科学院考古研究所和商丘地区文物管理委员会联合对孟庄遗址进行考古发掘，发现了丰富的商代二里岗上层时期的文化遗存。遗迹包括 8 座房基、25 座灰坑、一处冶铸生产遗存、一座陶窑等，并探明一座夯土台基。遗物包括青铜器、日用陶器、编织生活用品、生产工具、武器、装饰品、卜骨卜甲等。日用陶器以夹砂灰陶、泥质灰陶为大宗，制法分为轮制、模制、泥条盘制三种。器物种类有鬲、甑、罐、豆、钵、杯、碗、壶、圈足盘、尊、盆、缸、器盖等。生产工具材质有陶、石、骨、蚌、角、铜几种，主要有石斧、石锛、石凿、骨铲、骨镞、蚌刀、蚌镰、陶网坠、陶纺轮、铜刀、铜镞等。卜骨卜甲共 19片，包括牛、猪、羊、鹿的肩胛骨、龟背甲和龟腹甲，其上有钻灼痕迹。孟庄遗址为商代早期遗址，遗址内丰富的遗迹和遗物为研究商丘地区商代二里岗上层时期人们的生产生活和社会发展状况提供了珍贵的实物资料。

第二节　火的使用与中华远古文明的孕育

在地球上，除人类之外的其他动物种群至今还不曾出现对火的利用，更不用说具有控制火的行为与能力了。可以说，正是对火的自觉运用，创造了现代人类社会；古人类依靠使用火，才得以走过黑暗、痛苦、漫长的进化之路。

中华远古先民在使用控制火的长期实践中，不仅改变了自身的生活、生产方式，改善了生存环境，还显著提高了社会的生产力、精神文化水平，孕育并初步形成了中华远古文明。远古文明成果的丰富积淀，推动华夏民族较早地迈入了文明社会的门槛。

一　形成了熟食生活方式

使用火和人工取火的发明，使人随时都可以吃到熟食，喝上热水。熟食与热水能改变血液中的化学成分，增强人的体力，促进人的大脑和身体发育。如"北京人"的平均脑容量约为 1059 毫升，而山顶洞人的脑容量约为 1200 — 1500 毫升，已达到现代人的脑容量变化范围，身高也与现代华北人的身高接近。

火制熟食的推广，扩大了人类食物的来源和种类，改变了饮食结构，温饱足食的人类体质强壮，生育率更高。制作熟食的高温可以杀死食物中的病菌和寄生虫，减少了疾病，延长了人均寿命。火的使用也让产妇的生育条件得到改善，提高了"产房"温度，热水用于接生杀菌消毒，减少感染，婴儿的成活率提高了。近一万年来，人类逐渐成为地球的主宰。

使用火烹饪熟食之后，人们能吃的食物种类迅速增加，之前不能或者不易于咀嚼、消化吸收的自然食材变得能吃而且好吃了。火烹熟食减少了进食所需的时间，如黑猩猩要咀嚼生肉，每天得花上五个小时，而人类吃熟肉每天用几十分钟就能吃饱了，相应缩小了牙齿，减少了肠道的长度，减低了这一部分的能量消耗，同时在捕食、进食之外空出了更多的时间，使用火，让人真正过上了人独有的生活。

考古发掘证实，用火直接烧烤食物是古人类熟食的最早方式。为了避免外皮烧焦或内生，人们逐渐摸索着学会用烧热的石头加热食物，《绎史》引《古史考》："神农时民食谷，释米加烧石上而食之。"《礼记训纂·礼运》曰："中古未有釜甑，释米捭肉，加于烧石之上而食之耳。"后来又想办法用泥巴糊在匏瓜、葫芦、条编筐等不耐火烧的器物外面，盛上食物放在火中烧熟。

二　改善了生存和居住环境

因为火的作用，人们不仅可以驱赶居住在洞穴的野兽，赢得遮风避雨的自然居所，还发明了火灶、火炕、陶窑、石灰、砖瓦等，能够走出拥挤的天然洞穴，自由地选择气候适宜、土壤肥沃的宜居之地，筑起房屋，聚集在一处，形成人类群体生活的村落。

利用火的热量，人们可以用泥土生产出砖瓦等建筑材料，建筑随着人们的需要更加自由，建筑文化由此就诞生了。聚邑越来越大，就建成了功能更多的城市，选址要求更高，不但涉及地形、地质、气象、水文、资源、交通等多种因素，还要考虑政治、经济、军事、文化等诸多方面的影响。当代的钢筋、水泥、玻璃等建筑材料，同样是在火焰中诞生。为了满足人类的居住实用和审美需求，以建筑物为代表的人类建设成就已经在改变着地球表面的模样。

三　显著提高了氏族社会的生产力

火是原始人狩猎的重要手段之一，用火驱赶、围歼野兽，行之有效。焚草为肥，促进野草生长，也为后起的游牧部落所掌握。最初的农业从采集野生植物到种植适宜的作物，采用"刀耕火种"的耕作方式，也是依靠火来进行的。原始的手工业制陶，更是离不开火的使用，包括玉器、木器等工具的制作，也需要火的加工，如弓箭、木矛等都要用火矫正器身。恩格斯在《家庭、私有制和国家的起源》一文中曾经评价过弓箭的发明价值：由于有了弓箭，打猎成为普通的劳动部门之一。总之，人类早期的生产方式，包括种植、畜牧、手工业等的发生发展，都是以火的使用为基础和前提的。

在长期的用火过程中，人们发现泥土因火烧可以变硬，他们把泥土塑形与火结合起来烧制出陶器。陶器在旧石器文化晚期已有少量出现，更成为新石器文化的主要特征。前述几个新石器时代早期的文化遗址，都发现了陶窑和数量众多的陶器。

王玉哲《中华远古史》说道："陶器的发明对人类的生活有着重大的意义。在这以前，人们处理食物一般采用烧或烤的办法。有了陶器后，人类增加了煮熟食物的方法，并且便利了饮用水的运送和储存，使人类比较能够定居下来，从事农业生产。所以，陶器的制作是人类与自然界斗争中一项划时代的发明创造，也构成新石器时代文化的一个重要标志。"

仰韶文化时期的精美夹砂彩陶，需要 1000℃ 左右的温度才能烧制出来，这个温度已相当于青铜的熔点。西安城东临潼区骊山山麓临河东岸二级台地上的姜寨遗址为仰韶文化，考古学者从中发掘出了黄铜片、黄铜管，这充分说明了大约在 6000 多年前，人们已经粗略掌握了铜的冶炼、铸造技术。那些用于战争的武器，也都是用火打造的，具有杀伤力的武器成为氏族战争胜负的主要因素，也成为男人们炫耀体力和能力的资本。

从过去采集天然植物、狩猎野生动物，发展到自主有选择地种植植物、豢养动物，实现了依靠社会合作生产食物的巨大进步，从而推动了一场人类生活生产方式的变革：农业革命。农业革命是人类历史的一个转折点，人们从此不再完全依赖大自然的赐予而生活，而是依靠人群内部的社会分工而生存，延续百万年的"食物采集者时期"转变为"食物生产者时期"。农业生产让人们围绕土地定居下来，成为常住居民，先是形成村落，然后成为城镇、城市。正是农业革命之后，社会生产出丰富的食物，保障了不断的供给，人类群体数量才出现了爆发式增长，分化出不同的职业行业，逐步形成了现代文明社会。

四　促进了远古先民精神文化的发展

火与远古先民的认知革命、部落图腾、原始宗教、占卜预测、文字的产生都关系密切。

火塘提供给人类一个深度认识自然界的观察渠道和试验场所。燃烧是物质相互作用而后发生变化的过程，人类早期对物质认识的形成与积累，其中一部分应当是在人工生火以及在火塘旁边观察感受中形成的。

火，从无到有，从有到无，法力无边，可以改变万物，它启发着使用它的人们一起去想象，甚至"虚构"出超自然的祖先和神灵。因为有了共同的祖先和神灵，他们就更加愿意长期合作生活。

火是处于依恋和恐惧心理氛围中的原始人产生宗教信仰的动因之一。火的利害两性也是并存的，火在失控条件下可以毁灭万物、吞噬生灵的威力，必然震慑着依恋火的原始人的心灵。正是由于火具有利害并存的巨大效应，死灰复燃、蔓延流动且飘忽不定的存在形式，才形成了群众对能够控制火性的圣者"燧人氏"的那种折服崇拜的心理。许多古代和现代民族都用仪式来照护那些永远不能熄灭的神火。燃烧代表将东西寄往灵界，中国民间信仰常常为祖先烧冥钱、纸车子、纸房子等，希望死者在阴间不致缺乏日常用度。

人们在篝火旁享受温暖的时候更容易进入思考状态。远古文化遗址的灰坑中常见有烧过的物品。烧烤的骨头、龟甲会出现裂纹，观察纹路走向产生的联想或许对人们有些符合实际和自身利益的启发。由此产生了借以把握自然变化与自身活动之间关系的原始卜算现象。由于占卦行为需要对自然现象和客观事物的变化具有一定的综合观察能力和逻辑分析能力，这就势必形成一个对群体心理和活动能施以影响控制作用的"贞人阶层"。他们首先是按自然烧出的骨甲裂纹占卜预测未来，然后发展到人为用火棒在甲骨板上灼洞，再观察和占卜。甲骨文就是占卜结果的记录，所以说甲骨文的出现与占卜关系密切。

原始的歌舞也是在火塘边产生的。劳动之余，夜晚在火塘边吃饭、休息时，也是人们交流思想感情的最好时机，如言之不足，则手之舞之、足之蹈之。《吕氏春秋·仲夏纪》："昔葛天氏之乐，三人操牛尾，投足以歌八阕：一曰《载民》，二曰《玄鸟》，三曰《遂草木》，四曰《奋五谷》，五曰《敬天常》，六曰《建帝功》，七曰《依地德》，八曰《总禽兽之极》。"葛天氏采葛做药、制衣，教民自治，也是中华民族最早的歌舞鼻祖。甲骨文"舞"字的形状是一个人持牛尾手舞足蹈的样子。《后汉书·郡国志》记载："宁陵故属陈留，有葛乡，故葛伯国。"葛伯国遗址在商丘宁陵县，西距燧皇陵约二十公里。

我们纵观人类社会精神与物质文明的发展历史，从简单到丰富，始终都是在火焰旁产生的。人类的进化过程离不开火的化育。我们有理由说，使用和控制火促进了人类早期社会的形成和快速发展，同时也促进了人类精神文化成果的生成和积淀。

第三节　燧皇与中华火文化的起源

言中华古史者，必言"三皇五帝"，中华民族公认"三皇五帝"为人文始祖。"三皇五帝"并非是当时的皇与帝，而是后人的一种尊称，他们应是原始社会规模实力较大的氏族部落首领。他们应处于晚期智人向现代人转化时期，母系氏族社会向父系氏族社会转续时期，旧石器时代向新石器时代的过渡时期。从时序上，燧人氏位列三皇五帝之首。

一　关于燧人氏的传说

关于"三皇"的传说，有多种说法：

一是《尚书大传》《风俗通》《白虎通义》《古史考》称燧人、伏羲、神农为"三皇"。

二是《帝王世纪》《世本》以伏羲、神农、黄帝为三皇。《三字经》也称："自羲农，至黄帝。号三皇，居上世。"

三是《春秋运斗枢》《春秋元命苞》等书载：三皇为伏羲、神农、女娲。

四是《史记·秦始皇本纪》："古有天皇，有地皇，有泰皇，泰皇最贵。""三皇"之具体人名并不见于《史记》，《史记》索隐："天皇、地皇之下即云泰皇，当人皇也。"

以上可知被称为"三皇"的主要有燧人、伏羲、神农、女娲、黄帝等人。因为黄帝在《史记》中已列为"五帝"之首，如不再计黄帝，那么被尊为"三皇"的主要是燧人、伏羲、神农、女娲四位。由于伏羲、女娲一般认为同处一个时代，千余年来，在父权思想的影响下，女娲作为三皇之一的声音越来越小，逐渐形成了以燧人、伏羲、神农为"三皇"的广泛共识。

燧人、神农、伏羲也因为其功德特点被后人分别称为天皇、地皇、人皇。《尚书大传》云："遂人为遂皇，伏羲为戏皇，神农为农皇也。遂人以火纪，火，太阳也。阳尊，故托遂皇于天。"燧人是以智慧、勇敢、毅力为人民造福的英雄，公认为中华民族的人文始祖之一。

在三皇中，其先后传承关系，也有典籍记载：

《绎史》引《三坟》："燧人氏，有巢子也……钻木取火，天下生灵尊事之"，又"伏羲氏，燧人子也，因风而生，故风姓"。因此，燧人氏为有巢氏之后，伏羲氏为燧人氏之后。

《尚书大传疏证》注引《文艺论》："燧皇之后，历六纪，九十一代至伏羲。"

《庄子·缮性篇》："及燧人伏羲始为天下，是故顺而不一。"

《绎史》记《帝王世纪》曰："太昊帝庖牺氏，风姓也。燧人之世，有巨人迹出于雷泽，华胥以足履之，有娠，生伏羲于成纪，蛇身人首，有圣德。"又："燧人氏没，庖牺氏代之，继天而王，首德于木，为百王先。"

《续博物志疏证·卷五》"女娲之功烈"考证："《通志》引《春秋世谱》云：'华胥生男子为伏羲，女子为女娲。'"

经钱锺书先生规划指导，栾贵明主编，历时三十年完成的《中华史表》，仿《帝王世纪》体例，经重新搜集整理，从公元前 4464 年燧人氏始，完整记录了历代帝王 1262 位使用过的 996 个年号及每一个帝王在位的时期、朝代等，"燧人氏"接"有巢氏"之后，无具体年份，而"庖牺氏"上承"燧人氏"，转承之年为公元前 4464 年。[①]

从上述古代典籍的记载和当今学界的研究成果中，我们可以得出结论：燧人氏是三皇诸位中时间上位列最早的，早于伏羲氏，更早于神

[①] 栾贵明主编：《中华史表》，新世界出版社，2014 年，凡例第 1 页。

农氏，当列为"三皇"之首。燧人氏早于伏羲氏、女娲氏；华胥氏是燧人氏裔民，伏羲氏为华胥氏之子，也是燧人氏之后。

太昊伏羲陵在周口市淮阳县城，位于商丘燧皇陵西南方向约95公里处。神农朱襄氏陵在商丘柘城县，位于商丘燧皇陵西南方向约30公里处。"三皇"陵墓等遗址在商丘和周口一带的遗存，留给今人无尽的遐想与追思。

二　关于燧人氏人工取火的记载

关于燧人氏钻燧钻木取火的历史，华夏民族口耳传承了许多年代，各种文章典籍中也有不少的记载。

（一）简称燧人氏为造火、取火、为火、修火者

《世本·作篇》中说："造火者，燧人也，因以为名也。"

《艺文类聚》引《尸子》："燧人上观辰星，下察五木，以为火。"

《礼记·礼运》记载："昔者……未有火化，食草木之实、鸟兽之肉，饮其血，茹其毛……后圣有作，然后修火之利，范金，合土，以为台榭、宫室、牖户。以炮以燔，以亨以炙，以为醴酪。"

《金楼子校笺·兴王篇第一》引《路史》注"燧人"曰："上古之人，茹毛而咕血，食果蓏蚌蛤，膻腐馁漫，内伤荣卫，殒其天年。乃教民取火，以灼以炳，以熟臊胜，以燔黍捭豚，然后人无腥胃之疾。人民益夥，羽皮之茹，有不给于寒，乃诲之苏，冬而炀之，使人得遂其性，号燧人氏，或曰燧人。"

（二）称燧人氏为钻木取火者

《太平御览》卷八六九引晋王嘉《王子年拾遗记》载："申弥国去都万里，有燧明国，不识四时昼夜。其人不死，厌世则升天。国有火树，名燧木，屈盘万丈，云雾出于中间。折枝相钻，则火出矣。后世圣人变腥臊之味，游日月之外，以食救万物，乃至南垂。见此树表，有鸟若鸮，以口啄树，粲然火出。圣人感焉，因取小枝以钻火，号燧人氏。"

《绎史·太古第二》引《礼含文嘉》："燧人始钻木取火，炮生为熟，令人无腹疾，有异于禽兽，遂天之意，故为燧人。"

《绎史·太古第一》引《三坟》：燧人氏"教人炮食，钻木取火……有传教之台，有结绳之政。"

《白虎通》："谓之燧人何？钻木燧取火，教民熟食，养人利性，避臭去毒，谓之燧人也。"

根据古籍文献记载，除了燧人氏钻木取火说法之外，还有伏羲钻木取火之说。《绎史·太古第三》引《河图挺辅佐》："伏羲禅于伯牛，钻木取火。"

（三）称燧人氏为钻燧取火者

《韩非子·五蠹》："上古之世，人民少而禽兽众，人民不胜禽兽虫蛇……民食果蓏蚌蛤，腥臊恶臭而伤害腹胃，民多疾病。有圣人作，钻燧取火，以化腥臊，而民说之，使王天下，号之曰燧人氏。"

《绎史·太古第一》记《古史考》载："太古之初，人吮露精，食草木实，穴居野处。山居则食鸟兽，衣其羽皮，饮血茹毛，近水则食鱼鳖螺蛤，未有火化，腥臊多害肠胃。于是有圣人以火德王，造作钻燧出火，教人熟食，铸金作刃，民人大说，号曰燧人。"

除了燧人氏钻燧取火之外，还有黄帝钻燧取火的说法。《太平御览》卷七九引《管子》："黄帝钻燧生火，以熟荤臊，民食之无肠胃之病。"

因为伏羲和黄帝均晚于燧人氏时代，他们只是对钻木钻燧取火的传承，而非首创。总之，燧人氏是我国有史料记载的人工取火的最早人物，燧人氏的钻木钻燧取火，也是中国火文化的源头，燧人氏是当之无愧的中华"火祖"。

对于燧人氏的贡献，后人给予了高度评价。

河南省著名考古专家许顺湛先生在《五帝时代研究》一书中说："燧人氏时代的贡献不多，只有一项，即人工取火，但其重要性足以与渔猎和农业相比，燧人氏与伏羲氏、神农氏可以并驾齐驱……例如燧人氏发明钻木取火，这对人类生存、发展起到了巨大的作用。"

前述《三坟》说到燧人氏时代的贡献有三项：钻木取火、教化百姓、结绳记事。

《古史考》说到燧人氏时代的贡献有两项：钻燧取火、冶炼铸器。

《礼记·礼运》说到燧人氏时代的贡献有四项：钻木取火、冶炼铸器、创建房舍、烹饪食物。

燧人氏的贡献单单是发明人工取火一项，其功绩即足以彪炳千秋。火的使用，尤其是人工取火技术的传播，改变了人类的生活面貌与命运。对于发明人工取火的智者，华夏民族理所当然地会念念不忘，传颂至今。

钻木取火，关键是"钻"，是用钻子在易燃木材上快速旋转，钻孔摩擦生热让木材慢慢燃烧起来。今天，我们要用手掌搓动钻杆旋转，钻孔摩擦也很难钻出火星；钻木取火技术发明的关键是借助绳索拉动钎杆使其快速旋转，使物体横向运动的力有效转化为纵向运动的力，这样可以有效地升高摩擦生热的温度，溅出火星。考古发掘的旧石器时代晚期文化遗址中，已经出现了带钻孔的石珠、砺石、兽牙、骨针等，说明当时钻孔技术已经相当成熟，利用绳索快速拉动钻杆的钻孔方式应该已经出现。

我们可以用现有的认识去想象回望那个场景：燧人氏在长期用燧石在石头、骨头、木头上钻孔的过程中，发现了摩擦生热的现象与规律，钻杆转动越快生热越快，温度越高……经过艰辛的努力，燃点达到了，溅出的火星点燃了柔软的草木。一旦成功，人们就相信木头里边能够钻出火来，不断地改进方法，钻木取火就越来越容易成功。

三　燧人氏之后对火文化的传承

燧人氏之后，特别是太昊（伏羲氏、庖牺氏）、炎帝（神农氏、朱襄氏）、高辛氏帝喾对火文化都有明显的接续传承关系。

（一）太昊帝代燧人氏，首德于木，用火制作熟食

《帝王世纪》载：太昊帝庖牺氏，风姓也。蛇身人首，有圣德，都陈，作瑟三十六弦。燧人氏没，庖牺氏代之，继天而生，首德于木，为百王先。太昊帝建都于陈。陈在今周口市淮阳县，有太昊陵。

《绎史》引《河图挺辅佐》："伏羲禅于伯牛，钻木作火。"按照《帝王世纪》《三坟》等的说法，伏羲是燧人氏的后人，燧人氏钻木取火的技术肯定会在伏羲时代得到传承。很自然，伏羲钻木取火是燧人氏人工取火技术的传承发展。燧人氏名号中突出了钻燧取火，太昊氏名号中突出的是用火制作熟食，显示的是火在饮食上的熟练运用。

（二）炎帝以火纪，故为火师而火名

《说文》："炎，火光上也，从重火。"《左传·哀公九年》："炎帝为火师。"《左传·昭公十七年》："炎帝氏以火纪，故为火师而火名。"《帝王世纪》说炎帝："有圣德。以火德王，故号炎帝。"他改造了伏羲计时的方法，发明了以火纪时的火历，尊奉太阳神，称为日神之子，所以尊称为炎。火的颜色为红色、赤色，故称炎帝为赤帝。《淮南子·时则训》也称炎帝为赤帝，注云："赤帝，炎帝，少典之子，号为神农，南方火德之帝也。"炎帝的尊号显示炎帝部族是善用火的氏族。《淮南子·泛论训》谓："此圣人所以重仁袭恩，故炎帝于火，死而为灶，禹劳天下，死而为社，后稷作稼穑，死而为稷。"高诱注云："炎帝，神农，以火德王天下，死，托祀于灶神。"商丘地区有祭灶神的民俗，在每年腊月二十三"祭灶"，灶神的地位略低于火神。

《绎史·太古第四》引《春秋命历序》云："炎帝……传八世，合五百二十岁。"可知炎帝不是指一个人，可能是一个比较统一的部族，或者说是指这个部族的多个首领。

炎帝神农氏之后，炎帝之一者还有朱襄氏，是伏羲后裔，以陈为都（古陈之朱襄氏邑在今商丘市柘城县）。传说炎帝朱襄氏发明了五弦琴和农耕，教人种植谷物；制定了历法，设置了集市，以太阳在中天时为市；

教人辨识水泉的甘苦，尝百草作医书，等等。传说朱襄氏在位约 140 年，逝后在其祖居地和建都地的商丘安葬。朱襄氏陵在商丘市柘城县大仵乡朱贡寺村，在商丘燧皇陵西南方向约 30 公里。

商丘市柘城县炎帝朱襄氏陵

（三）高辛氏理"火"重"辛"

帝喾，姬姓，黄帝曾孙，受封于高辛，故又称高辛氏。朱芳圃认为"辛"即"薪"的初文，古代所谓"薪"，为两类，一曰"爨薪"，所以取热，二曰"烛薪"，所以取光（朱芳圃《殷周文字释丛》）。有辛（薪）则能有火，所以高辛氏初义是否为火神之别号？

顾乃武在《"画"释甲骨文"禿"字中的燧人族系与文化》[1] 的摘要中称：燧人族系在燧人、炎帝、高辛及契等历史阶段，形成了"▽""Ｎ""ＯＯ"

---

[1] 顾乃武：《"画"释甲骨文"禿"字中的燧人族系与文化》，《商丘师范学院学报》2015 年第 8 期。

等特定意蕴的图画式文化符号，这些文化符号最终组成了甲骨文"🔥"（商）字。甲骨文之"🔥"揭示了燧人族系从燧人到炎帝、从炎帝到高辛氏，再到阏伯的发展历程，以及燧人族系世代理"火"、重"辛"，以文化创新维护氏族发展的特点。燧人族系应是远古时期一支世系绵长、族号屡变、文化影响深远的强大氏族。

帝喾是公认的"五帝"之一，上承炎、黄，后启尧、舜，共同奠定了华夏民族的根基。传说帝喾"年十五而佐颛顼，三十登位，都亳"，是一代圣贤明君，《史记·五帝本纪》对帝喾的圣德做了介绍。帝喾的四个儿子对后世也影响很大：契是商的始祖，后稷是周的始祖，挚继承父亲帝喾帝位，其后放勋立，成为五帝之一的尧帝。帝喾陵在商丘市睢阳区高辛镇，距燧皇陵正南方向约 23 公里。

清乾隆十九年《归德府志》卷二十九《祀典略下》记载：帝喾庙，在城南高辛里。宋开宝六年建，元天历间修，明正统七年知州顾琳重修。

四　燧人氏的活动区域中心在商丘

（一）燧人氏上观辰星在商丘

《太平御览》引《尸子》云："燧人上观辰星，下察五木，以为火"，是说燧人观测天上的辰星即"大火星"运行情况，了解五方各地草木的状况，组织烧荒火耕。

陆思贤《神话考古》说："在中国传统天文学中，有一颗特别被重视的恒星，见载于先秦史籍，称'大火'，也称'辰''大辰'。在甲骨文中，这颗恒星也被记载了下来，称'火'，或称'上火''小火'"，"星名大火，一是因为这颗星呈火焰般的红色，先民形象地称它为'火'。二是这颗星作为远古时代的农业指示星，先民们在黄昏见到'火'星出东方地平时，便开始放火烧山，进行'刀耕火种'的准备工作。《尸子》：'燧人上观辰星，下察五木，以为火。''辰星'即大火心宿二，'五木'泛指东南西北中五方之木，统统放火烧，与天上的'火'星相应，大火燃遍了整个原野，因名'火'星为'大火'"。①

燧人上观的辰星即心宿，与地上对应的是什么地方呢？《左传·昭公十七年》说："若火作，其四国当之，在宋、卫、陈、郑乎？宋，大辰之虚也；陈，太皞之虚也；郑，祝融之虚也。皆火房也。"古人将天上的星宿与地上的州郡相对应，宋国是大辰之虚，是大辰星的分野，大辰即大火，宋国（今商丘睢阳城即宋国都城所在地）即今商丘地区，可见燧人上观辰星的位置就在商丘（古宋国）。

（二）燧皇陵在商丘

明、清两朝地方史志对商丘燧皇陵的记载非常明确。明嘉靖《归德府志》："燧皇陵在阏伯台西北，相传为燧人氏葬处。俗云土色皆白，今殊不然。"清康熙四十四年（1705）《商丘县志》卷三"陵墓"记"燧皇陵"与明嘉靖《归德府志》同。

燧皇陵原有陵冢、陵碑和大殿、东西厢房，神道有牌坊、功德碑、石像生等，古柏参天，郁郁葱葱，其后毁于战火。

20 世纪 60 年代初，河南省考古专家杨焕成来到睢阳，拍摄了"燧人氏陵"照片一张，记录了当时的燧皇陵状况。

燧皇陵在今商丘古城西南华商大道和平原路交叉口西北角，在阏伯台西北 500 米。

1992 年春，商丘县（1997 年改为商丘市睢阳区）对燧皇陵重修，陵前有中国历史博物馆馆长、著名考古学家俞伟超所题"燧人氏陵"石碑一通。

2004 年春，睢阳区对燧皇陵进行大修，扩建了陵园，总面积有四万多平方米。重修了陵冢，冢高 13.9 米，圆形陵丘外加筑方形陵台；陵冢四周汉白玉护栏间有 18 幅精美的诗配画石刻浮雕，分别为《盘古开天》《无火悲音》《自然之火》《鸮鸟啄燧》《钻木取火》《火化腥臊》《圣

---

① 陆思贤：《神话考古》，文物出版社，1995 年，第 31 页。

火取暖》等，记述了从古至今火与人类密不可分的方方面面。陵前有燧人氏身披兽皮、树叶的坐像。近一公里长的神道，两旁分列龙、凤、麒麟、石人、石马等石像生，生动逼真。增建了三开门式五拱石雕牌坊和仪门阙门等，五拱石牌坊上镌刻有考古专家张文彬所书"燧皇陵"题词。大门两侧楹联为："开万象之光，圣火于斯发轫；列三皇之首，宗风在此传薪。"新修了火文化广场，绿化面积达百余亩，植翠柏数百株。陵园规模之宏大，建筑之雄伟，气势之磅礴，景色之幽雅，堪称空前。

2008 年 6 月 16 日，河南省人民政府公布燧人氏陵为河南省第六批重点文物保护单位。

燧皇陵的存在，为燧人氏活动于古时的商丘提供了有力的佐证，为中国火文化精神的传承提供了物质载体。

第二章　火正阏伯与火神崇拜

第一节　阏伯之墟即商丘

在河南省商丘市睢阳区商丘古城西南约两公里处，有一古代天文台遗址——阏伯台，又名火神台、火星台、商丘。清康熙四十四年《商丘县志》中称"阏伯之墟即商丘"，"在城西南三里，高八十八尺，周二百步，说者谓丘之精气，上应列星，世称阏伯台，即是丘也"。现在所能看到的阏伯台，外圆内方，外形如坟墓状，台基周长330米，直径56米，顶部直径20米，台高约10.5米。1992年和1993年，中国社会科学院与商丘县文管所协作考察了阏伯台。据各方面专家研究、考证认为，它原是一个天然的土丘，先高只有8米左右，后来经过两次覆土加高。文物勘探也表明，在阏伯台附近地表下约10余米发现原始土层，而阏伯台下的原始土层要高出周围10米以上。这说明在河流未冲积之前，这里已经是一个高约10米的大丘。此丘有可能就是古籍中所称之"商丘"。专家们在10米厚的夯土层中，找到了东周时期特有的灰陶片等，还捡到了十多片汉瓦和几块汉之前的残豆沿、豆柄、鼎足等实物。1994年中国商丘火星台学术研讨会认证纪要说，阏伯台有可能是一座建于帝尧时期的古天文台遗址，因上应天上的"大火"，因而又叫火星台，距今已有4000多年的历史。它比东汉天文学家张衡在洛阳建的灵台还早2200多年，有可能是我国现存最早的一座天文观测台，阏伯应是该天文台的首任台长。

唐代高适《宋中十首》有曰："阏伯去已久，高丘临道旁。人皆有兄弟，尔独为参商。终古犹如此，而今安可量！"诗中的高丘即阏伯台。直到目前，此丘仍为商丘最高处。

由西汉至明清，历代史地文献对古商丘的地望与阏伯的关系多有追叙，如《汉书·地理志八》云："周封微子于宋，今之睢阳是也。本陶唐氏火正阏伯之虚也。"《后汉书·郡国志》梁国"睢阳"下云："本宋国阏伯墟。"《春秋左传正义·襄公九年》"阏伯居商丘"下云："商丘在宋地"，引《春秋释例》说："宋、商、商丘，三名一地，梁国睢阳县也。"唐李泰《括地志》宋州下云："宋城县，古阏伯之墟，即商丘也。"宋《太平寰宇记》宋州下云："《禹贡》豫州之域，即高辛氏之子阏伯所居商丘。"《宋史·礼志六》："礼官议：'……然国家有天下之号实本于宋，五运之次，又感火德，宜因兴王之地，商丘之旧，为坛兆祀大火，以阏伯配……'"清代著名学者王国维进一步引申"古之宋国，实名商丘。丘者，虚也。宋之称商丘，犹洹水南之称殷墟，是商在宋地"（《观堂集林》）。

《汉书·地理志八》曰："周封微子于宋，今之睢阳是也，本陶唐氏火正阏伯之虚也。济阴定陶，《诗·风》曹国也。武王封弟叔振铎于曹，其后稍大，得山阳、陈留，二十余世为宋所灭。""宋地，房（房宿）、心（心宿）之分野也。今之沛、梁、楚、山阳、济阴、东平及东郡之须昌、寿张，皆宋分也。""宋自微子二十余世，至景公灭曹，灭曹后五世亦为齐、楚、魏所灭，参分其地。魏得其梁、陈留，齐得其济阴、东平，楚得其沛。故今之楚彭城，本宋也，《春秋经》曰'围宋彭城'。宋虽灭，本大国，故自为分野。"从这些记载可以明确看出，在汉代，西迄开封（梁），东到彭城（徐州），南至蚌埠，北到定陶、菏泽，都属于古宋国，其府都为商丘，后虽被灭国，但仍为心宿的分野。

1995 年至 1997 年，中美联合考古队在商丘古城西南发现宋国故城遗址，进一步证明《左传》中所记"商丘"在今河南商丘。现存商丘古城结构也反映了商丘为大火的分野。

第二节　阏伯的火正功德

一　阏伯司火

（一）"二子"传说中的"高辛氏之子"

阏伯，在《左传》《国语》《史记》《汉书》《通志》《宋史》等史籍中多有提及。搜索二十五史，阏伯一词出现了180多次，分别出现于《汉书》卷二十、卷二十一、卷二十七、卷二十八；《后汉书》卷七十四、志第二十、志第二十八；《晋书》卷一百二十五；《旧唐书》卷五十三；《三国志》卷六；《史记》卷三、卷四十二；《宋史》卷二十八、卷二十九、卷九十八、卷一百三、卷一百三十六、卷三百一十八、卷三百四十；《新唐书》卷二十七；《元史》卷一百四十九。尽管"阏伯"一词在史籍中并不罕见，甚至可以说很多，但关于其出身，相关的资料却不多，仅在《左传》《史记》和《通志》中提到过，而其中《史记》中的说法也是转引自《左传》。

《左传·昭公元年》记郑国子产向叔向讲述说，"昔高辛氏有二子，伯曰阏伯，季曰实沈，居于旷林，不相能也，日寻干戈，以相征讨。后帝不臧，迁阏伯于商丘，主辰。商人是因，故辰为商星"。高辛氏的这两个儿子，分领天上的商星和参星，二星水火不容，此起彼落，永不得见，此即为远古时期的"二子"传说。

《左传·襄公九年》又记："陶唐氏之火正阏伯居商丘，祀大火，而火纪时焉。相土因之，故商主大火。"注曰："阏伯，高辛氏之子"，"相土，契孙，商之祖也，始代阏伯之后，居商丘，祀大火"。此处仍旧说明阏伯是高辛氏的儿子，而继阏伯之后在商丘担任火正、祀大火的是商族始祖契的孙子相土。

（二）观象授时

根据《左传》等文献记载，阏伯的活动或职司主要就是在商丘主祀大火以纪时，或曰主辰、主商星、祀大火，做尧时火正。

关于中国古代的观象授时，《尚书·尧典》中有重要的论述："（尧）乃命羲和，钦若昊天，历象日月星辰，敬授人时。"又，"日中，星鸟，以殷仲春"；"日永，星火，以正仲夏"；"宵中，星虚，以殷仲秋"；"日短，星昴，以正仲冬"。"日中""宵中"是指昼夜正好平分的那一天，此日为一年中的春分与秋分；"日永"是指一年中白天最长的一天，即夏至日；"日短"是指白天最短的一天，即冬至。"星鸟""星火""星虚""星昴"指四星黄昏时在南中天。"仲"指四季中每季的第二月。这说明，那时的古人已经能够通过观测天象与昼夜变化来确定四个主要节气的时间。对于羲和敬天授人时，尧赞叹："咨嗟！汝羲仲、羲叔与和仲、和叔。一期之间有三百有六旬有六日，分为十二月，则余日不尽，令气朔参差，若以闰月补缺，令气朔得正定四时之气节，成一岁之历象，是汝之美可叹也。又以此岁历告时授事，信能和治百官，使之众功皆广也。"（《尚书正义》）由此可知，观测星象在当时是一个十分重要的职责。

《左传·昭公十七年》孔颖达正义："《释天》云：'大辰，房心尾也。大火谓之大辰。'李巡云：'大辰：苍龙宿之体，最为明，故曰房心尾也。大火，苍龙宿心。以候四时，故曰辰。'孙炎曰：'龙星明者，以为时候，故曰大辰。'大火也心，在中，最明，故时候主焉。"就是说大火星在苍龙宿中的心宿，最明，可作为"天上的标点记"以测算人间的时令。上古时期负责对大火星进行观测、祭祀乃至观象授时的火正，并不只阏伯一人，传说颛顼时有火正黎，帝喾时有祝融，舜时有益。如《国语·楚语》说颛顼"乃命南正重司天以属神，命火正黎司地以属民，使复旧常，无相侵渎，是谓绝地天通"。《国语·郑语》："夫黎为高辛氏火正，以淳耀敦大，天明地德，光照四海，故命之曰'祝融'，其功大矣。"注曰："淳，大也。耀，明也。敦，厚也。言黎为火正，能治其职，以大明厚大，天明地德，故命之为'祝融'。祝，始也。融，明也。大明天明，若历象三辰也。厚大地德，若敬授民时也。光照四海，使上下有章也。"

二　尊为"火神"

殷商时期祭祀和观察大火星的活动是国家大事之一。东周以后也将阏伯同大火星一同祭祀，如《春秋左传正义》孔颖达疏："火正之官，居职有功，祀火星之时，以此火正之神配食也……而火正又'配食于火星'者，以其于火有功，祭火星，又祭之。后稷得配天，又配稷，火正何故不得配帝，又配星也？……"由于阏伯行火历，以火纪时，出于对"大火"的重视，进而有对观测大火的人的重视，因此阏伯在古代受到尊崇应是很正常的现象。

后周显德六年（959）七月，赵匡胤到商丘任宋州归德军节度使，显德七年（960）春便发生了"陈桥兵变"，由此做了北宋的开国皇帝，定国号为"宋"，因商丘主火，故被誉为火德皇帝。其后宋真宗在南京（今商丘）建"三圣殿"，奉祀太祖赵匡胤、太宗赵光义和他们的父亲赵弘殷。三圣殿又名鸿庆宫，宋人刘攽《鸿庆三圣殿赋》曰：

> 盖上帝之所选建明圣，命以天位者，乃所以享德而报功焉。未有德盛于前，功播于后，而其子孙寂寥千载无声者也。贤哲所谈，六籍之云，德莫著于有虞，功莫隆于五臣。禹平水土，夏姒以家。司徒后稷，是教是食。肇商兴周，历载累百。皋陶大理，五刑以明，于其苗裔，乃兴于唐。若夫董淳耀以攸司，奏庶民之鲜食，焚山烈泽，害服妖息，鸟兽咸若，草木允殖，固伯益之力焉。天报以位，俾秦周继。于其子孙，诬祖不绍，去火即水，叛礼尚刑，法以惨急。然犹兼六国，一天下，而不知变于初，二世以毙。非天不相朕虞之后，乃其否德，得罪于祖而断弃也。
>
> 惟伯益之功未报，是以大命复集于赵氏焉。五代丧德，九土分裂。海水横流，民用垫溺。鸟兽昌炽，黔首失职。滔滔惑惑，盖若

洪流之未辟。于是太祖乘火而帝，继益之功。天祚吉土，曰惟商丘。是为星火大辰之居，亦曰明堂布政之由。出潜离隐，或跃在渊。以有九有，百度正焉。削祸戡乱，出民涂炭。风挥日舒，天地正观。荆、燕、吴、蜀、楚、越、并、冀，慑威怀仁，奔走失气。崛强者执服，柔从者加赐。太宗承之，真宗成之。登封降禅，矢直砥平。巍巍乎邈三五而俦俪，彼汉魏之琐琐，曾何比京！夫伯益始掌火而底绩，而宋以火帝，兴于火墟。天之报施，岂不昭昭可推而类也哉！且夫积功以凝命而创业，因物以胙土，由土以建号，乐以反初，礼不忘其本。是故作于原庙，建之别都。三圣鼎列，大厦以居。以答景贶，以昭成功。俾子孙知厥所由，亿兆仰德而不穷也。

厥后烈风云雨，电雷震曜，儆戒于下，滥炎流烧。天子怵于大异，反己正德，伏念七年，乃其有得。曰：天以德训予，而以威震予，依类托谕，予敢不信！夫政不变不足以日新，礼不修不足以化民，天之示人，若曰政礼之敝，虽祖宗之为，犹当勿惮乎改更。于是诏三事，饬九卿，和布于旧，载损载益，以答天诫，以与圣职。夫既天行而日白矣，乃复閟宫，奖夫神衷。三后在天，对越上穹。经之营之，不日成之。闳伟奇丽，所以使宫寝之勿逾也。清闲窅密，又鬼神之所都也。絜百围而置楹兮，度千仞以架栋。择一木于万章兮，顾余羡者犹众。般、倕、獿人之俦，献巧而林立兮，莫不心竞而贾用。亘长廊其如城兮，辟重门其似洞。栾栱粲其如星兮，侏儒屹其承重。如翚斯飞，如鸟斯革兮，诚可栗其将动。阖阴房之密静兮，虽六月其必寒。辟阳荣之敞丽兮，盖中夜而已旦。涉广除而径上兮，每百尺而一级。历青珉之莹滑兮，曾不得而侧立。顾风雨之在下兮，足以避夫燥湿。良非人力之所为兮，宜鬼神之攸集。于是使夫设色之工，后素之巧，想像形容，图写必效。夫其龙颜日角，天质之颙昂兮，臣乃今知真人之异表。于是驾鸾辂，登玉虬，千乘万骑，云动而景附兮，想平生之豫游。旂常缤纷以艳翕兮，钟鼓轩轰，箫管发而啁啾。杂鱼龙之奇技兮，蜿蜒曼延于道周。百神纷而并迎兮，出阊阖而御夫龙舟。尔乃川后静波，屏翳息风。舳舻相衔，若复道之延属兮，亘千里而相通。百工备官而夙设兮，棹夫欢呼而奏功。惟吉行之五十兮，余日力而靡穷。既届既止，威仪若初，以幸夫寿宫。乃即前楹，以修祀事，威神如在，望之可畏。殚金玉以备用，馨飞潜以荐味。惟帐笫簟之安肆，几杖笔研之储偫，靡一物之盖阙兮，所以广孝思而尽心志也。守臣侍祠，罔不胼胝。既事而旋，阒而莫觌。列仙之儒，偓佺之伦，迎神颂祇于其侧。若夫祝融、重黎、相土、阏伯，固已喜动乎魄，情见乎色，护清跸而晞盛德也。巍巍大哉，不可得而记已。

且夫天命之不忘，人生之大宝也；祖宗之有继，子孙之勿替也。兹圣王所以继统垂业，超商迈周，恤嗣锡羡，贻厥孙谋，使万有千岁，得以晞风而承流也。遂作颂曰：崇崇商丘，大火主兮。曰宋之兴，道是配兮。建邦设都，以有九土兮。有皇上帝，明德辅兮。伯益之功，邈不可忘兮。三圣承承，有烈光兮。奕奕寝庙，神翱翔兮。胥于万年，尚无疆兮。

作者刘敞自谓："臣以文学中第，太常试官秘书，目睹盛世，不敢以鄙薄自绌，辄作古赋一篇，以歌咏圣德。"《鸿庆三圣殿赋》以歌咏圣德为目的，记叙了建三圣殿的缘由、经过，极赞殿宇的庄严华丽，祭神敬祖的威严隆重，赞颂了赵宋开国皇帝是"乘火而帝，继益之功"，赞美商丘是"天祚吉土"，"崇崇商丘，大火主兮。曰宋之兴，道是配合"，将商丘吉土、火神火德与宋王朝的社稷功业联系在一起，可见宋代对火神的祭祀十分重视。

宋康定初年（1040）六月乙未南京（今商丘）鸿庆宫神御殿（即皇帝画像殿堂）发生了火灾，时任集贤校理的胡宿请求修建庙宇进行祭祀。对于此事，《宋史》记曰："礼官议：'阏伯为高辛火正，实居商丘，主祀大火。后世因之，祀为贵神，配火侑食，如周弃配稷、后土配社之比，下历千载,遂为重祀。祖宗以来,郊祀上帝,而大辰已在从祀,阏伯之庙,每因赦文及春秋,委京司长吏致奠,咸秩之典,未始云阙。然国家有天下之号实本于宋,五运之次,又感火德,宜因兴王之地,商丘之旧,为坛兆祀大火,以阏伯配。建辰、建戌出内之月,内降祝版,留司长吏奉祭行事。'乃上坛制:高五尺,广二丈,四陛,陛广五尺,一壝,四面距坛各二十五步。位牌以黑漆朱书曰大火位,配位曰阏伯位。牲用羊、豕一,器准中祠。岁以三月、九月择日,令南京长吏以下分三献,州、县官摄太祝、奉礼。庆历,献官有祭服。"

史载宋仁宗皇祐六年(1052)三月乙亥,"太史言日当食四月朔"(《宋史·仁宗本纪》),这一天象引起朝廷上下一片慌乱。因为四月龙见,为火历正月,而元日日食,祸何以堪!庚辰,下德音,改元,《日食正阳改皇祐六年为至和元年德音》曰:"皇天降谴,太史上言,豫陈薄蚀之灾,近在正阳之朔。经典所忌,阴匿是嫌!寻灾异之攸兴,缘政教之所起……俾更元历之名,冀召太和之气……宜改皇祐六年为至和元年,以四月一日为始。"(《宋大诏令集》)除改元之外,还大赦天下,"减死罪一等,流以下释之",癸未,皇帝"易服,避正殿,减常膳","夏四月甲午朔,日有食之,用牲于社。辛丑,御正殿,复常膳"。(《宋史·仁宗本纪》)

宋人罗大经的《鹤林玉露》记载了一个"鬻祠庙"的故事。神宗年间,王安石推新法,鬻坊场河渡,司农又请并祠庙鬻之。张安道知南京(今商丘),上疏请免鬻阏伯、微子二祠,云:"宋王业所基也,而以火德王。阏伯封于商丘,以主大火;微子为宋始封,此二祠者,独不可免于鬻乎?"神宗闻之"震怒,批曰:'慢神辱国,无甚于斯!'于是天下祠庙皆得免鬻"。

南宋高宗时,封阏伯为商丘宣明王。《宋史·礼志六》载:"绍兴三年,诏祀大火。太常寺言:'应天府祀大火,今道路未通,宜于行在春秋设位。'乾道五年,太常少卿林栗等言:'本寺已择九月十四日,依旨设位,望祭应天府大火，以商丘宣明王配。二十一日内火，祀大辰，以阏伯配。大辰即大火，阏伯即商丘宣明王也。缘国朝以宋建号，以火纪德，推原发祥之所自，崇建商丘之祠，府曰应天，庙曰光德，加封王爵，锡谥宣明，所以追严者备矣。今有司旬日之间举行二祭，一称其号，一斥其名，义所未安。乞自今祀荧惑、大辰，其配位称阏伯，祝文、位板并依应天府大火礼例，改称宣明王，以称国家崇奉火正之意。'"又《高宗本纪》载：高宗绍兴十年（1140）"三月甲申，封阏伯为商丘宣明王"。

第三节 火神崇拜与祭祀——火神台庙会

豫东地区基于对火、火祖、火神的崇拜，不仅一直保存着敬火、崇火、爱火的习俗，还围绕着火神台及周边形成了商丘最为古老、盛大的庙会，且影响范围较广。火神台庙会又称"朝台""台会"，"朝台"期间，老百姓纷纷到火神台烧香祭拜。更有来自山西、山东、安徽、福建等地的信众前来进香朝拜，以娱火神，一时之间，火神台周边热闹非凡，累日不散，旧有"天下第一会"的说法。

一 火神台庙会的起源

据史料记载，阏伯台在商朝及周朝的宋国时期一直是重要的祭祀场所，每年官方都要举办多次隆重的祭祀活动，至唐代已发展成相当隆重的庙会。在官方的倡导下，民间积极响应，并逐步转变为以民间为主的传统"朝台"习俗。到宋代，商丘在国家政治生活中的影响更大，明清时期由于集市贸易的影响，庙会规模最大。

正月初七相传是阏伯的生日，又称"人日"，恰逢中国农历春节期间，几乎每年此时，商丘都会举行盛大的"朝台"活动，豫鲁皖边数百里的民众都来这里进香。在这天，民众到阏伯台添土，并以敲打木棒、石块，吟诵悼念之词等古老的方式祭祀阏伯。随着时间的推移，朝台的人越来越多，香火越来越盛。对这一活动，地方志中备有记载，如清康熙四十四年的《商丘县志》记载："正月七日，俗传阏伯火正生辰，男女群集于阏伯台及火星庙进香，车马阗咽，喧阗累日。"清乾隆十九年《归德府志》第三十六卷"岁时民俗"中记载："正月：初七，俗传'阏伯火正生辰'，男女群集于阏伯台及火星庙进香，喧阗竟日。"在新中国成立后编纂的《商丘县志》中也写道："正月初七为阏伯生日，旧时男女老少，朝台（阏伯台）进香，今人在初七前后到阏伯台赶物交会、看戏和民间舞蹈。"[①]另外，在 1963 年上海古籍书店据宁波天一阁藏明嘉靖本影印的《夏邑县志》（《天一阁藏明代方志选刊》）记载有："正月：初七，有'火星庙会'。"如今，阏伯台已与燧皇陵、华商文化广场、开元寺一起被划归为火文化景区。

关于祭火神这一民俗活动的起源，历来有不同的说法。

一种说法认为来源于远古时期对日月星辰的观测纪时，现在的祭祀活动是当年天文观测活动的传承，由此说法来推断，祭火神习俗从原始社会就已开始。

第二种说法认为，现在人们的朝台习俗主要来源于民众对阏伯布火功德的追念。这种说法具有针对性，是出于对保存火种、为当地做出贡献的阏伯的崇敬和纪念，但实际上把观星授时的火正阏伯与人工取火的燧人氏混淆了，把燧人氏的一些事迹错以为是阏伯所为，因而对阏伯加以感恩、纪念。

第三种说法认为，三皇之首的燧人氏其活动区域就在商丘一带（阏伯台西北一路之隔有燧人氏陵），燧人氏发明的人工取火提高了远古民众的生存概率。当时的民众崇敬燧人氏，后来阏伯又到此任火正，阏伯的功绩也非常人可比，因而也受到时人的敬仰。由于他二人都与火有关（地上的自然之火与天上的"大火"），因此都被视为火神而加以崇祀。

---

① 商丘县志编纂委员会：《商丘县志》（中国地方志丛书），生活·读书·新知三联书店，1991 年，第 485 页。

这种说法可能更具有合理性，对阏伯的敬仰与原有对燧人氏的纪念一起发展成为当地民众的一项祭祀活动。

商丘的火神祭祀起始于被称为火祖的燧人氏人工取火的发明、尧时火正阏伯在商丘观星授时、继而商先公相土承阏伯之火正在商丘祭祀大火，由此商文化与火文化结合在一起，在中国历史发展进程中发挥了非常重要的作用，成为一种有着明显地方特色的民俗文化。

二 传统火神台庙会的兴废

商丘的火神祭祀经历了一个形成、发展、演变、衰落、再发展的漫长过程，它几乎与中华民族的历史一样悠久。商丘一带的民众受火崇拜、祖先崇拜和英雄崇拜的共同影响，由最初的崇火、祭火，逐渐演变成为祭祀火神的一种民俗活动，迄今已有四千多年的历史。现在的庙会活动基本围绕着火神台、商祖祠、燧皇陵、开元寺进行。

目前，离阏伯台二三百米的商丘开元寺，为 20 世纪 80 年代所建，而其前身即为明正德年间（1506-1521）所建之商丘寺，在当时亦被称为草市。

关于商丘寺之由来和演变，明末清初本地人徐作肃[①] 在他的《偶更堂集》中有一段记载。徐作肃在写于康熙五年（1665）十月朔日（初一）的《商丘寺记》中提道：

> 商丘寺创明正德年间，详万玘记中，玘曰：元大德时有祠祀阏伯台上，久之为僧设佛像，祠隐寺显。商丘即阏伯封以名，祠寺因以名。明玘于水而移此，是寺之来亦起元代。然则开元寺之传实藉鲁公之迹，而商丘沿于至今，亦托附阏台之麓，与两者皆古刹矣。寺前已再建，忆崇祯壬午李自成将逼境，邑令学清野法，一时近郭祠宇毁弃殆尽。颜祠既不可保，将所谓石幢者欲尽碎之，而以峣然

---

① 徐作肃：字恭士，河南商丘人，生于明万历四十四年（1616），卒于清康熙二十三年（1684）。顺治八年（1651）中举人，著有偶更堂文集二卷、诗稿二卷等，为"雪苑六子"之一。

不得卜。草寺之毁已过半。发殿角有巨蛇见，鳞鬐转动，乃止。顺治己丑，少保宋公既举颜碑而亭之，梵宇稍具，独恨鲁公祠者尚阙。而岁之人日为祀阏伯之期，每登台遐瞩，未尝不叹商丘寺之颓覆也。六年前，有僧觉兴来环览，凄恻询居人谢某，谋修之。冬雪夏日，僧身其中，泊如也。殿既完，廊庑、厨、垣且次第举来。请志其事。夫固几三十年兵戈之迁变废兴之感之见于目前也。岁时瞻眺，幸再徘徊鲁公之碑阴，而悼兹宇之不并葺也。是役也，知有以慰父老之耳目。而昔日巨蛇之异，或果有神物焉。凭之而卒兴于今，亦其不得而灭没耶？异日过阏伯台而一至焉，快还旧观，而更又能复鲁公之祠者，且日望之矣。

阏伯台下的寺院一直到"文革"前还存在，院内包括西面僧房九间、北面僧房六间、老僧房三间、客厅三间、东面僧房三间，结构非常紧凑。新中国成立前，阏伯庙的建筑结构包括大殿（三间，为前出后包）、拜殿（三间）、钟鼓楼（各一间），以及东西禅门等。台下紧连台阶处为二楼（抗战期间，二楼曾被日本鬼子当作弹药库使用，后二楼受损。现在阏伯台院内地下仍埋有当时残留下来的日本鬼子的子弹、炮弹等），直到1962年，二楼还存在。二楼前面建有山门，山门对面为花戏楼。由此，大殿、拜殿、二楼、山门、花戏楼形成五门相照、台上台下一条线的古建筑群。由于阏伯庙不是真正的佛教寺院，所以，此处的和尚是不忌荤的，奉祀所用的法事也不是佛教的法事，其中较有特点的就是习惯吹大笛（一种类似于笙的乐器）。新中国成立前，阏伯庙里还有和尚会吹奏此乐器。

明清以来，阏伯庙几经修葺，现在台上的阏伯庙为元代形制。整个阏伯庙完全依据八卦建造，明天干，暗地支，外圆内方形如古铜钱，东西禅门，以及配房，钟、鼓楼都不对称（东配房较西配房靠前，钟楼较鼓楼座后），因西方为金，东方为木，金克木有伤人之兆，故错开而逢凶化吉。阏伯庙建在高台之上，有凌空欲飞之势，景观奇特，实属中原所鲜见。1982 年，中科院古建筑专家张玉环教授来此称赞说："古今中外我看了很多高台建筑，但像这样小巧玲珑的高台建筑实在太少了。"

"天圆地方"是我国古代先哲认识世界的一种思维方式。邹学熹先生说："'天圆地方'是一种观测天文的方法，因为天体是运行不息的，故曰'圆'；地平作为固定不移的对照标准，故曰'方'。所以，取法地平作为观测天体运动的标准，有如物理上做相对运动的两物体，必取一个物体作为静点以计算之，由此而得出的结果是完全正确的。"(《易学十讲》)陈遵妫认为："《周髀算经》首章所说的'方属地，圆属天，天圆地方'，只是用几何形象来比喻天道和地道，并不是天是圆形、地是方形的意思。"(《中国天文学史》）而火神台的建筑结构恰好暗合了这一特点，象征了天道与地道的相应和，阴气与阳气的相协调，而东西相错，最终就可以达到万物吉祥的目的。

大殿顶脊上的葫芦天、阏氏鸟（又叫宵鸟）、准绳，以及明代《阏伯台记》石碑上的山川、日月图案无不表明了阏伯台作为古天文观测台的属性。大殿的后面曾建有航标定位塔，民国时期为高 34 米的铁塔，1960 年所建航标塔高 27 米，目前，此地仍为卫星定位点之一。

大殿坐北朝南。解放前，大殿中有两尊阏伯像，一尊为一米多高的铜像，位于前面，后面还有一尊更大些的木制塑像（明代规定，正祀所用神像皆用木质）。据当地老人回忆，当年日本侵略军到了阏伯庙的大殿后，很是崇信，对阏伯像皆行拱手礼，之后恭行退出。1949 年阏伯庙遭破坏前，正殿中的对联与现在有所不同，原对联的上联为："日昍（xuān）晶㬉（当地人读 zhāo）"，下联为："月朋𣎗（当地人读 liáo）䑕（lǎng）"，横批为"离"。"离"在六十四卦中为"火"，为"日"，是火的象征；《康熙字典》中"昍"的解释为"【集韵】许元切，音暄。明也"；"𣎗"代表"季"即一季；"䑕"，本意明亮；"朋"，比、类、群集意。这副对联的八个字都与天象、季节、历法有关系，而"离"字的横批更明确地表达出阏伯、阏伯庙与天文历象的内在关系，蕴含了时间的持久永恒，生命的繁衍不息，以及社会的进步和发展。东配殿原为火星殿，殿中所供为人形化的红面六臂泥塑商星像。红面，暗喻大火的红色；六臂，则昭示了大火光照天地四方。西配殿于解放前就已经空了。三个殿中的塑像前皆有神台、神龛。

钟楼、鼓楼虽然从外观上看是方形的，但从内部看，却都是圆顶，下面为四方形，也暗合了天圆地方的观念，为元代标准建筑形式。钟楼里吊有漆金大钟，有横木可以撞击。现在钟楼的圆形拱顶为后来依照原型修复的。鼓楼里摆放了牛皮大鼓，有鼓槌可敲击。鼓楼为元代建筑，未曾修补过。

阏伯庙的各禅门上都有飞檐走兽。从东禅门出绕到西禅门下台阶，台阶越来越宽大，寓意人生的路越走越宽，做生意的人财路越来越广。

现在的阏伯庙尚可见到三块汉砖，两块汉代垫脚石，一口宋代的殓缸，缸外面有莲花瓣的裙围，有人物等图案。据说，这样的宋代殓缸共有三口，另外两个分别安放了觉田、仁德两位法师，在阏伯台下的西北、北面，原有觉田（解放前商丘佛教协会会长）、仁德的僧塔。在阏伯庙的墙壁上还可看到几块印有"张文峰施砖五千"凸纹字样的元代青砖。

目前，阏伯庙作为宋国故城的一部分为国家重点文物保护单位。

唐、五代时期商丘火神台庙会的延续，从时人的一些诗作中也可以反映出来。唐代，随着京杭大运河的开通，当时的宋州控扼沛洛、沟通江淮的地位得以凸显。客居或旅行至此的文士多有游观活动，火神台已是宋州一处盛景。有关登临阏伯台的诗句，著名的如高适的《宋中十首》《奉酬睢阳李太守》等，与高适同时的田园山水诗派代表诗人储光羲（约706—763）有《登商丘》诗一首："河水日夜流，客心多殷忧。维梢历宋国，结缆登商丘。汉皇封子弟，周室命诸侯。摇摇世祀远，伤古复兼秋。鸣鸿念极浦，征旅慕前俦。太息梁王苑，时非枚马游。"其中"摇摇世祀远"一句表明到8世纪上半叶，火神台庙会活动一直未曾断绝，而"世祀"一词确认了商丘的火神祭祀为官方正祀。

宋代对火神阏伯的崇祀达到了有史以来的最高潮。宋王朝南迁以后，中原一带成为各方争夺的主要区域，战乱、瘟疫、自然灾害等不断，致使民众大量流亡，往昔的繁华盛象不复存在，金朝统治下的商丘一带几乎趋于荒芜。元代侯有造《阏伯祠记》，记祠曾毁于金元之战的"壬辰之变"（即 1232 年金哀宗天兴元年蒙军二围汴京），只剩下土丘一座。此事在《元史·郭侃传》中亦有相应记录："侃字仲和，幼为丞相史天泽所器重，留于家而教养之。弱冠为百户，鸷勇有谋略。壬辰，金将伯撒复取卫州，侃拒之，破其兵四万于新卫州。遂渡河，袭金主，至归德，败其兵于阏伯台。"

灾难后的商丘，人员大多是从外地流入的，窘迫困顿的生活，天灾人祸的打击，人口的缺失，人们迫切需要更多的劳动力来从事农业生产，维持生计。在这种情况下，添丁加口自然成为当地民众的生活期盼。于是，主掌生育的王母娘娘开始受到青睐，供奉王母娘娘的王母祠也在阏伯台上建了起来。之后元大德年间有过重建，再后来，建康财赋提举范廷璧仗义疏财，对阏伯祠又有重建（元侯有造《阏伯祠记》）。

明嘉靖三十四年 (1555)，知府王有为重修阏伯祠，只不过这一时期阏伯祠的影响已远非往昔可比。始修于明嘉靖末年的《归德府志》中没有国家在此祭祀的记载，咏叹阏伯祭祀的诗文作者往往是本地的士绅官宦，此时的阏伯祠更多地被作为一种地方文化优势的象征。

清代礼制规定，孟夏即春四月上旬丁日祀火神阏伯，但民间自有一套体例遵循。康乾时期商丘地区形成大规模庙会，而且祭祀火神阏伯的主体发生了很大的改变，由代表官方的地方政府和文人士绅而变为平民百姓，庙会俨然成了由底层民众主导的、各阶层民众共同参与的狂欢节。

1948 年 12 月初商丘解放，解放后的商丘民众群情激昂，1949 年的庙会显得格外热闹，规模盛大，再次达到了一个高潮。

三　当代火神台庙会的发展

改革开放以后，随着人们文物保护意识的增强，在振兴地方经济的口号下，"草根文化"被派上了用场，修复古庙宇、恢复民间信仰等活动在各地蓬勃开展起来，封存于民众思想意识中的火神信仰也由此被释放出来。此后，火神台得以保护和修复，有着几千年历史的商丘火神台庙会也开始逐渐复苏，并被地方政府当作一种文化资源加以保护利用，成为扩大地方声名、招商引资的一块绝好招牌，商丘的火神台庙会自此出现了前所未有的发展景象。

1988年2月3日火神台正式以原有身份对外开放，九十年代中又重建了花戏楼。同时，在"修复名古迹，发展旅游事业，振兴商丘经济"的口号下，对火星村内的燧人氏陵、阏伯庙、开元寺等进行了较大规模的整修。尤其是2003年以后对火神台、燧人氏陵及其周边进行了大规模的改造扩建，并举办了一系列活动。先是由国家拨款3000万修建了占地25000平方米的火文化广场，之后2005年第十届全运会"华夏文明之火"火种采集仪式在商丘举行，2006年4月中国首届火文化研讨会在商丘举办，凸显了商丘作为中国火文化起源地的特点。紧接着就是占地80余亩，由南大门、商海、商字广场、拜台、商祖殿五大部分组成的华商文化广场的大规模建设。自2006年以后国际华商文化节定期举行，不仅凸显了商丘作为"三商之源"的文化内涵，也使商丘的火文化与商文化紧密结合。2009年3月，商丘市睢阳区被中国民协命名为"中国火文化之乡"。恢复重建后的燧人氏陵，现为中国AAAA级旅游景区之一。而2016年的火神台庙会，中央电视台还进行了报道。商丘的火神台庙会正逐渐被全国乃至世界瞩目。

第三章　火文化民俗与故事传说

商丘有关火文化的民俗与故事是传承不绝的活态文化，具有地域文化的特征，显扬着独特的火文化气息，承载着商丘人对火的向往与崇拜，诠释着商丘人对火祖、火神的敬仰与厚爱，折射着商丘人对火的灵性的感悟。

第一节　商丘火文化民俗

位于商丘的燧皇陵和阏伯台，承载了人们对火的发明者和管理者的尊敬和崇拜。商丘人对"火源""火种""火祖""火神"的崇拜热情与中华"人间烟火""香火"的文化观念深深相连。商丘的"火崇拜""火神祭祀"不同于我国其他地域被物化了的节日概念，远远超出"借此一乐"的局限，人们是怀着一种朝圣的心情，真情感激上苍对人类的恩典，这也是对人类生命生存的感恩，是对祖先上万年艰难步履的追念。

一　火祖火神祭祀
（一）祭祀火祖燧皇

农历二月初二，商丘有祭拜燧皇的习俗。民间说法，二月初二是燧皇的生日。这天，人们早早起来，穿上新衣，带上香和供品，聚到燧皇陵前，磕头焚香，祭拜这位钻木取火、为人类做出巨大贡献的人文始祖。近几年，在政府的引导下，民间社团组织踊跃参与，祭拜队伍逐渐增大，人员越来越多，逐渐形成每年二月初二的公祭中华火祖燧皇大典。大典程序主要有：致辞，敬献贡品，向天皇地皇敬酒（一敬天，天赐百福，风调雨顺；二敬地，五谷丰登，国泰民安；三敬燧皇，慎终追远，文明悠长），启奏雅乐，净手上香祈福，行施拜礼，取薪火，绕陵。

（二）祭祀火神阏伯

按照传统的习俗，如今商丘每年都要组织三次大型的祭祀火神阏伯活动，第一次是农历正月初七，这天是阏伯生日，会期一个月。第二次是四月初四，这天是祭祀商星的日子，会期三天。第三次是农历六月二十三，这天是阏伯忌日，会期十天。每月的初一、十五还有小庙会。

阏伯台庙会热闹非凡，少不了各种民间工艺和绝活绝技的大展示。泥鸡、泥狗、泥老虎，花枪、花刀、花宝剑，泥响儿、竹响儿、琉璃蹦蹦，布娃、布虎、花灯笼，造型美观，色彩鲜艳，各式玩意儿散布于台下宽阔的广场上。聪明的商家看准了这处古庙会的商机，卖农具的，卖服装的，卖五金的，卖百货的，卖糕点的，卖小吃的，从大公司到小商贩，纷纷出摊，将宽阔的台下广场和几里长街摆得满满当当。其购销两旺的红火劲儿，赛过本地区的任何一个物资交流大会。

阏伯台庙会，还有两处别致的习俗风景：

一是大香炉里烧鸡蛋。据说用阏伯台香炉里热腾腾的香灰烧熟的鸡蛋或其他食品，吃了可以防病、免灾、续香火。对此，方圆百里的老人们坚信不疑，并视为积德行善之举。他们挎着篮，提着兜，把烧过的鸡蛋和食物带回家，自己舍不得吃，分给儿孙和左邻右舍。这与生孩子吃红蛋似乎同出一源，而商丘人吃红蛋的习俗，源自一个古老的传说：当年，简狄嫁给帝喾，好多年没有怀孕，后来上苍托梦，让她去吃"玄鸟蛋"（有人说是燕子蛋）。果然，照此办理后，就生下了商的先祖——火神阏伯（这里将阏伯等同于契），即《诗经·商颂·玄鸟》中的"天命玄鸟，降而生商"，这也就传下了吃红蛋、祈火旺、生贵子的习俗。

二是手艺摊上请火神。每次庙会，都有捏面人的、吹糖人的、织草编的手艺人，其摊上有许多形态各异的阏伯神像供人请回家祭拜。

二 火崇拜的几项民俗活动

（一）"取新火"与"添新土"

古时的商丘，每当春节来临之际，燧皇陵一带的村民有到陵前"取新火""添新土"的习俗。

"取新火"拜火仪式由族长或族里德高望重的老年人带领，到各家各户将旧火全部熄灭，表示过去的一年已经全部结束，并向每户收取一些旧灰、食盐、粮食及其他食品，送到燧皇陵。在燧皇陵前，由祭司杀鸡醑酒，祭拜火祖，再把鸡血和所有的旧火灰带到陵后深埋，以示送走所有的灾难、不祥。然后，用古老的钻木取火方法取出新火，作为新的一年生产和生活的起点，各家各户都到陵前接燃新火，引火回家，以示引来吉祥。

当地老百姓一直把燧皇陵亲切地称为"老爷坟"，用衣襟、手帕兜一包家中黄土，朝拜时撒到"老爷坟"上，是谓"添新土"，算是给"火祖"燧人氏添坟扫墓，以盼"火祖"燧人氏保佑全家一年平安。

（二）"赛火把"与"玩铁花"

每年的正月十五夜晚，商丘一带的年轻人都要到野外"赛火把"，每村的男女老幼都要在村中的空地上观看"玩铁花"，这是商丘一带为纪念"火祖"燧人氏保存至今的一种民间习俗。

"赛火把"是商丘乡下正月十五闹元宵的一项特色社火活动，参与者多为年轻人。他们用旧箅子（蒸馍的一种竹编炊具）裹上厚厚的秸秆，待夜幕降临，或举着，或捧着，到约定地点（一般会在村边的野地里）聚会。同一时间用明火点着，参与者吆喝着，跳跃着，看哪个火把烧得旺、烧得久。本地人说，箅子常年在锅上搁，受火祖的恩惠最深。用这样的方式赛火把，一是告诉火祖，人间百家没有忘记他的大恩大德；二是祈求火祖，新的一年再给予世间更旺的人丁和财源。

"玩铁花"是商丘元宵社火中的又一项特色活动。用具两大件，一是套牲口的铁制"笼嘴"，二是铁叉或木棍。铁笼嘴里放上木炭、铁屑，燃着，烧红，由身强力壮的年轻男子轮番用铁叉、木棍挑起，大力摇动，让铁屑顺势甩出，撞击地面或树干，迸出绚丽的火花。玩铁花多在村中的空场上进行，男女老少都聚来观看。玩到精彩处，赞叹四起，掌声频频，给人带来无尽的欢乐。尤其是在晴朗夜空下的雪地里，烟霭弥漫，红白相映，颇有"明月千门雪，银灯万树花"的意境。老人们讲，这个玩意儿由来已久，初衷是让人们莫忘当年燧皇爷钻木取火的辛劳和功绩，如今已经成了小伙子们斗智斗勇的赛技。

（三）火龙灯舞蹈

玩火龙的区域，主要在商丘及其周边的鹿邑、亳州、砀山和山东菏泽等地，南阳的卧龙、淅川、邓州，洛阳的汝阳，也玩火龙。商丘火龙灯的特点，在于它火一般的气势和"火技"的巧妙运用，不同于其他地方的火龙，只是朝舞动的龙身喷礼花。有学者指出，商丘火龙灯的最初形态，应当是对火祖、火神的一种祭祀礼仪。与之相呼应，同属商丘市的永城，还有"火老虎"，舞者身披"火药虎皮"，点燃后只发光亮，不起明火，也不会很快烧完。龙、虎的勇猛，人的睿智，再现了燧人氏钻木取火、文明大见之初的狩猎情景。

第二节　商丘火文化故事传说

一　关于燧人氏的故事传说

（一）太阳公主送宝石[①]

在很久远的古代，燧人氏在商丘做了首领，带领人们以打猎为

---

① 本故事采自潘海鹰、盛鹏主编：《首届中国火文化研讨会主要资料汇编》（内部资料），商丘市合力设计制作有限公司，2006年5月，第122页。

生，过着茹毛饮血的生活。一次，雷电引发山林大火。大火过后，大家品尝到被火烧死的野兽的美味，于是人们天天盼望再能有火。一天，一只美丽的太阳鸟将燧人氏驮到天上的太阳宫，太阳公主指着宫中琳琅满目的宝物，请燧人氏任意挑选。燧人氏看了看宝物说："我只想要火！"太阳公主拿出一块宝石（即燧石）送给燧人氏，说："这是一块会生火的宝石。"太阳鸟将燧人氏送回人间。燧人氏将宝石放在宫殿的案子上等它发火，等呀等，等了好久，宝石也没发出火来。燧人氏很生气，太阳公主怎么能哄我呢，于是抓起宝石狠狠地向地上摔去。宝石落到地上，与地面的石头相撞，火花四溅，燧人氏见状恍然大悟，原来石头相击可以发出火花来！于是，燧人氏在太阳公主和太阳鸟的帮助下击石取火。他把这种取火方法教给人们，人们尊称他为火祖。

（二）燧皇陵传奇

相传一万年前，燧人氏曾在现存的燧皇陵处发明了钻木取火，并在这里筑起了一个高台——传教台。为了让天下黎民百姓都能学会取火、用火，又派明由、必育、陨丘、成博四位精明能干的部下到边远地区传教。燧人氏为治理天下，传火、用火积劳成疾，不幸暴死在商丘的传教台上。临死前说："我生前在这里取火传教，死后将我埋在这里，让圣火一代一代传下去，不断发扬光大。"人们怀着无比悲痛的心情，遵嘱将他葬在了那高高的传教台上。不知过了多少年，人们又为这位圣人建了祠堂，修了陵墓，植了松柏，称此陵为"天下第一陵"。

流传区域：商丘市　　　　搜集整理者：尚起兴

讲述者：郝心佛　　　　　搜集整理时间：1979 年

（三）火龙珠和金蚰子

相传，燧皇陵高大的墓碑上原有一只金蚰子和一颗火龙珠。金蚰子每逢晴天夜深人静时就吱吱叫唤。火龙珠每逢初一、十五半夜子时便闪闪发光，还伴随着优美的乐曲。凡是看过的人都无眼疾，而且健康长寿。据说，这是燧皇爷的两件珍宝。后来南方一位商人来此竟盗走了金蚰子和火龙珠。从此，商丘人再也见不到火龙珠的光辉，听不到金蚰子的叫声。至今，商丘人还在痛恨那位不知名姓的商人。

流传区域：商丘市　　　　　搜集整理者：尚起兴

讲述者：郝心佛　　　　　　搜集整理时间：1978年

（四）借瓷器

相传，燧人氏经常在燧皇陵显灵，黎民百姓有了难事，只要到燧皇陵前祈祷，总是有求必应。一次，附近的宋老汉要给儿子办喜事，需用一些瓷器，但怎么借也借不到。宋老汉急得坐卧不安，深夜，他坐在燧皇陵前，唉声叹气，潸然泪下道："燧皇爷，穷人真难啊！俺为儿子办喜事，连瓷器也借不到，您老人家告诉俺，俺该怎么办？"说罢，失声痛哭。不一会儿，就听到瓷器响，宋老汉为之一惊，擦干眼泪看了看，突然发现崭新的瓷器一排排放在眼前，简直不敢相信自己的眼睛，又亲手摸一摸，敲一敲，果然是瓷器。宋老汉欣喜若狂，连夜运回家。喜事过后，宋老汉将瓷器刷得干干净净，又同儿子一起送到燧皇陵前，烧香叩头，向燧皇爷千恩万谢。

宋老汉借瓷器的事，很快传遍了方圆数十里。一个贪心的财主发财心切，到燧皇陵前烧香祈祷，编假话为儿子办喜事要用一批瓷器。财主果然得到了一车上等好瓷器，高兴得手舞足蹈。回到家，对老婆说："燧人氏今天让我骗了一车瓷器，明天我还接着骗，一天一车，一月三十车，一年可得三百六十五车，很快咱就发了！"老婆说："还是你聪明！我让人备桌好菜，弄坛好酒，好好庆贺庆贺！"突然狂风大作，一声霹雳，一车瓷器霎时不见，贪心的财主夫妇也被烧焦。从此，燧皇陵处再也借不到瓷器。商丘人至今还在咒骂那个贪心的财主。

流传地区： 商丘市　　　　　搜集整理者： 尚起兴

讲述者： 郝心佛　　　　　　搜集整理时间： 1979 年

二　关于阏伯的故事传说

（一）阏伯盗火

　　传说阏伯是老天爷的儿子，他心地善良，对天下的老百姓非常同情。那时候，天下洪水泛滥，天塌地陷，到处一片黑暗，一片寒冷。阏伯在天上每天热的吃着，暖的穿着，看见老百姓怪可怜的，就偷着下到民间，帮助老百姓找火。阏伯在天上就是管火，天上用火，离太阳近就从太阳上取。人间离太阳远，这咋办呢？他向人家要了一只大公鸡，骑着飞上天去了。天上的火都是成块成块的，阏伯拾起来就往怀里揣。天兵天将看见了，报告给老天爷，老天爷不让他带走。阏伯不听话，老天爷让天兵天将捆住他，要罚他。阏伯一边挣扎着，一边把火块往地上扔。扔下来的火块就成了"火石"，两块一碰就起火星。人们盼着阏伯下来，堆起大土堆子接他。那只大公鸡没有阏伯领着就不下来，迷了路，嘴里衔着火块烧死了。现在人们还能见到太阳里面站着的公鸡。天天早上，地上的公鸡一起齐喊几声"回来吧，老祖"，太阳这才升起来。太阳里面的公鸡成了地上公鸡的祖先，直到现在，凡是公鸡冠子和嘴下面都有几块"火花"，是从天上衔火烙的。公鸡衔火有功，啥都能吃，石头子儿也能吃。鸡血还能辟邪，毒虫望见就走。又因为阏伯兄弟俩不和，所以，老公鸡只要见面就伸脖子斗，一不见面却又想念对方，伸长脖子喊。阏伯下不来了，在天上被封为"火神爷"。地上的老百姓在阏伯台上烧香、烧纸、放炮，让他看见，时间一长，就成了"朝台"。阏伯每逢初一、十五都要下来夜巡，走路放着光，就是打闪，还带着雷，专门惩治那些坏良心的人。

　　流传区域：商丘市各县区　　　　　搜集整理者：高有鹏

讲述者：闫家集香火会某老汉   搜集整理时间：1990 年 5 月

（二）望父台

望父台，即今之火神台。自古以来，高辛人有句俗话"四十五里望父台"。

高辛帝喾之子阏伯，尧时为火正，因阏伯管火有功，后人敬为火神。今天的阏伯台，就是当时阏伯为保留火种以防水患而筑的高台，置火种于高台之上，堆柴燃火，保留火种，使民众有火可取；夜间点灯，有火可用。阏伯居于高台之上，看守火种。每当思念已故的父王，便站在高台之上遥望南方高辛帝喾陵，回忆起父王的音容，不觉凄然泪下，回忆幼年因与实沈兄弟不和，多因自己的性情暴躁所引起，使父王常常因此而气愤不已，自己有失孝道，因此，在任火神期间，尽自己最大努力，把火管好，让九泉之下的父王看到自己，自己也不愧为一代帝王之子，为当世人谋福。

千古以来，高辛人将火神台称为望父台。

（三）火烧锦衣卫

明朝末年，皇帝昏庸，朝政腐败，奸党横行，忠良受害，魏忠贤的爪牙锦衣卫个个手上沾满了忠臣的鲜血。太常寺卿侯执蒲、京官侯恂、翰林院编修侯恪，父子三人皆东林党人，由于魏忠贤奸党迫害，先后被罢官，一时睢阳侯氏名震朝野。

睢阳自古以来多忠义之士，明末在朝做官的三品以上官员就有沈、宋、侯、叶、余、刘、高、杨八大家。这些官员皆忠义之臣，刚直不阿，魏忠贤既恨又怕，于是他向熹宗奏道："商丘古城内城周长七里二分五厘，七加二为九，其实是九五至尊数。此城有天子气，在京为官者多达十余人，且居要职，不可不防。"熹宗惊骇道："如之奈何？"魏忠贤道："如今他们已罢官在家，不如派锦衣卫将他们杀掉，斩草除根，以绝后患。"熹宗道："言之有理，卿可自行安排。"

魏忠贤派锦衣卫来到睢阳，正赶上正月初七阏伯台庙会。这天正是火神生日，会上人山人海，热闹非常。被罢官的侯氏父子等忠义之臣十余人一起去朝台，锦衣卫闻讯大喜，决定在他们朝台时下手。侯执蒲、侯恂、侯恪、余珹、叶廷桂等人刚刚登上火神台，就被锦衣卫围了个水泄不通。侯氏父子等人自知难逃活命，不由叹道："皇上昏庸，奸臣当道，吾命休矣！火神爷为何不显灵呢？！"话犹未落，只见一个火球向锦衣卫飞去，锦衣卫大惊，争相逃命，却被烧得焦头烂额，狼狈不堪。众人见状惊喜道："火神爷果然显灵救咱！"此事传开，黎民百姓无不拍手称快。从此，坏人再也不敢到火神台寻衅闹事，为非作歹。

流传区域：　商丘市　　　　　　搜集整理者：　尚起兴

讲述者：　尚策三　　　　　　　搜集整理时间：　1986 年

明清之际，商丘士绅在中国的政治舞台上扮演了重要角色,时有"满朝文武半江西,小小归德四尚书"之誉。他们热心地方事务,造福地方,赢得了商丘民众的敬爱。他们在朝廷仗义执言,为民请命,与奸佞斗争,屡仆屡起。在这则故事中，代表正义的商丘士绅在商丘火神阏伯的帮助下，最终战胜了邪恶的一方——以锦衣卫为代表的阉党势力。商丘士绅在中国历史舞台上最为辉煌的一个时刻，以民间传说的形式流传了下来。

（四）南蛮盗火

相传火神台下有一个巨大的地下宫殿，这一宫殿向东通向周集的灵台，东北通向平台，正北通向老君台，西北通向清陵台和三陵台。

很久以前，从南方来了一位高人，他看出了火神台的秘密，想将珍宝盗走，但需一把金钥匙方能将门打开。一天，他在火神台东北不远处的南瓜地里见到一个弯把南瓜，对瓜农说："我要买你这个南瓜，要多少钱给多少钱，不过现在不拿走，待过九九八十一天深夜子时再来取。"

到了九九八十一天深夜子时，买瓜人果然来取，将银子付给瓜农后，便走向火神台西北角，念念有词，突然台下露出一扇金灿灿的大门，上面挂一把金锁。买瓜人将南瓜摇了三摇，南瓜变成了一把金钥匙。买瓜人用金钥匙将门打开，只见一座金碧辉煌的大殿，大殿上面镶嵌着无数火珠，似满天星斗。大殿内有一毛驴正在拉磨，磨顶上放有黄豆。买瓜人抓起黄豆一看原来都是一颗颗金豆，他欢喜若狂，正要装进口袋，突然一颗火球飞来，买瓜人大惊，急忙逃跑，刚刚出了大门，门哐当一声已经锁上。买瓜人回到家，因惊吓而病，不几日便呜呼哀哉了。

流传区域：商丘市　　　　　搜集整理者：尚起兴
讲述者：郝心佛　　　　　　搜集整理时间：1979 年

历史学者赵世瑜对"南蛮盗宝"故事有过精到研究，在赵世瑜的研究里，北方民众眼中南方人形象的晦暗，背后还有经济文化重心南移，导致江南地区的发展水平超过北方的因素。这则故事便是一例，它说明了明清以来商丘经济地位的衰落，在与南方的商贸角逐中已经处于明显的劣势。

（五）宣明王掌科考

丹阳荆某，应童子试。梦至一庙，上坐王者，阶前诸吏捧册立，仪状甚伟。荆指册询吏："何物？"答曰："科甲册。"荆欣然曰："为我一查。"吏曰："可。"荆生平以鼎元自负，首请《鼎甲册》，遍阅无名；复查《进士孝廉册》，皆无名。不觉变色。一吏曰："或在《明经秀才册》乎！"遍查亦无。荆大笑曰："此妄耳。以某文学，可魁天下，何患不得一秀才！"欲碎其册，吏曰："勿怒，尚有《秀民册》可查。秀民者，皆有文而无禄者也。人间以鼎甲为第一，天上以秀民为第一。此册为宣明王所掌，君可向王请之。"

如其言，王于案上出一册，黄金丝穿白玉牒，启第一页，第一名即"丹阳荆某"。荆大哭，王笑曰："汝何痴也！汝试数从古有几个名状元、名主试乎？韩文公孙衮中状元，人但知韩文公，不知有衮；罗隐终身不第，至今人知有罗隐。汝当归而求之实学可耳。"荆问："科第中皆无实学乎？"王曰："即有文才，又有文福，一代不过数人，如韩、白、欧、苏是也。此其姓名，别在紫琼宫上，与汝尤无分也。"荆未对，王拂衣起，高吟曰："一第区区何足羡，贵人传者古无多。"荆惊醒怏怏，卒不第以终。

这则故事载于清代袁枚的笔记小品《子不语》。《子不语》序曰："广采游心骇耳之事，妄言妄听，记而存之。"宣明王即阏伯，两宋之际阏伯被封为宣明王。这则故事反映了明清人物对科举取才的反思和对实学的标榜提倡，阏伯在这里被神化为控制士人命运的神灵，则反映了民间信仰的随意性。

以"火神"阏伯为主题的民间故事有很多，这里仅仅摘取五则民间故事。《阏伯盗火》《望父台》的主题场景是上古时期，也就是中华文明的传说时代，这两则故事从传说角度说明了阏伯及其祭祀与中华文明的渊源关系。《南蛮盗火》故事场景涉及的时代不详，说明了商丘与包括亳州在内的南方地区之间有商业竞争关系，火神阏伯仅仅是土著势力的象征而已。《火烧锦衣卫》的故事涉及时代是明末，火神与锦衣卫分别隐喻地方与中央，反映了商丘世家大族借助地方影响，在朝廷上具有重要影响的史实。《宣明王掌科考》说明的是清中期阏伯祭祀在文人群体中的影响。

第四章　带"火"的语言文字

第一节　带"火"的文字

一　"火"烧出来的文字

文字的出现是人类文明史上十分重要的事情，它标志着一个文化共同体的发展成熟程度。中国的文字萌芽较早，在新石器时代仰韶文化的陶器上，就发现了各种刻画符号。在龙山文化、大汶口文化陶器上也发现有符号，有的符号上还涂有色彩，符号都刻画在陶器表面极显著的位置，有的符号像是太阳或月亮从山上升起的样子。在青海马家窑文化、郑州商代早期文化及河北商代中期文化的陶器上也都发现有符号。新石器时期陶器的符号，有的是同图纹结合在一起，有的明显区别于纹饰，这些符号是简单的、零星的、尚无定律的。

甲骨文大多是商代的占卜记录。甲骨文又称"契文""甲骨卜辞"或"龟甲兽骨文"，是现存中国最古老的成熟文字。甲骨文最早是用火灼烧出来的。古人发现，经过火烧烤的骨头、龟甲会出现裂纹，观察纹路走向产生的联想具有符合实际和自身利益的启发。在火堆旁思考的先人们，产生了依靠火烧甲骨观察裂纹走向以把握自然变化与自身活动之间关系的原始卜算现象。占卜前，先把龟甲和牛肩胛骨等锯削整齐，然后在骨面钻出圆形的深窝和浅槽，占卜时，先把要问的事情向上天和鬼神祷告述说清楚，接着用燃烧着的木枝，对深窝或槽侧烧灼，烧灼到一定程度,在相应部位便显示出裂纹来。占卜者根据裂纹的长短、粗细、曲直、隐显,判断事情的吉凶成败。占卜后,便用刀子把占卜的内容和结果刻在卜兆的近处,这就是卜辞。

1977 年 5 月,中国社会科学院考古研究所和商丘地区文物管理委员会联合对柘城县岗王乡孟庄遗址进行的考古发掘,发现了卜骨卜甲共 19 片,其中有 7 片牛肩胛骨、2 片兽类长骨、1 片鹿肩胛骨、1 片猪肩胛骨、1 片羊肩胛骨、1 片龟背甲和 6 片龟腹甲。卜骨卜甲的钻痕疏密不等,排列无规律。钻痕多呈圆形,直径大的 1.3 厘米,小的 0.4 厘米,一般为 0.8 厘米左右。绝大部分钻痕用钻类工具钻成,少数用刀一类工具挖成。

甲骨上的卜辞是研究商代历史的第一手材料,它反映了当时社会生活的各个方面。商朝王室贵族上自国家大事,下至私人生活,如祭祀、气候、收成、征伐、田猎、病患、生育、出门等等,无不求神问卜,以得知吉凶祸福决定行止。朝廷设置了专门的机构和卜官,有刻辞的甲骨,都作为国家档案保存起来,堆存在窖穴之中。从 1899 年甲骨文首次发现以来,据学者胡厚宣统计,共计出土甲骨 154600 多片,这些甲骨上刻有的单字约 4500 个,迄今已释读出的字约有 2000 个左右。

二　带“火”的汉字

(一)象形的“火”字

早期文字“火”就像火焰的形状,在仰韶文化、龙山文化的陶器上都有发现。甲骨文的“火”是象形字。许慎《说文·火部》:“火,毁也。南方之行,炎而上。象形。凡火之属皆从火。”在五行说中,火在南方,所以称火为“南方之行”。

“火”的本意是指物体燃烧发出的光、焰、热。火字的引申义很丰富。火焰是红色的,故称“火红”,常用火来形容红色的事物;火焰是热烈的、向上冲腾的,故用火形容兴旺、热情、火爆,也引申为暴躁、愤怒、发火；火失去控制蔓延非常迅速，引申为紧急、火急，说事情十万火急；中医所称"上火"，是指体内燥热、口干、咽疼等症候表现。

（二）带"火"和"灬""炎"的汉字

汉字主要有象形、指事、会意、形声、假借、转注六种造字用字法，也称"六书"，文字的创造过程反映了中华民族的文化智慧和形象思维特征。

汉字中带"火"旁的字很多，其形成以象形、会意造字法为主，主要与人们使用火的体验与认识有关。"火"部旁在书写演变中还表现为"灬"。"灬"象火在下面燃烧，是象形字或者形声字的火字底。"炎"部旁的字原意基本也都与火有关。这些带"火"的文字的创造与演进，反映了古人对使用火、控制火这一过程的体验与总结。

举例如下：

光，从火在人上，如举起火把照亮周围，光明意也。

灰，会意字，从火从又；又，手也，火既灭，可以执持。

焚，从火从林，烧田也。

熄，形声字，从火，息声。指灭火，或者蓄留火种。

烈，形声字，从火，列声。指火势猛烈。

炮，形声字，从火，包声。毛炙肉也，谓肉不去毛炙之也。

灶、炉是名词，是烧火做饭的器物。烹、煮、熏、蒸、煎、熬、烧、烤、烘、炒、炸、煲、炝、熘、煨等等，都是炊事技法，热不热，熟不熟，烂不烂，全看火候。

第二节　带"火"的词语

人们的语言词汇是对社会生活的反映；生活离不开火，人们在语言中就会谈到火。带"火"的语言词汇，记载着中华民族对火的认识，对火的情感，对火的运用，凝结着中华火文化的结晶。我们整理人们口头带"火"的成语、谚语、惯用语、歇后语时,发现了火文化的精神宝藏。

一　带"火"的成语

薪尽火传

《庄子·养生主》:"指穷于为薪,火传者,不知其尽也。"成玄英疏:"穷,尽也。薪,柴樵也。为,前也。言人然火,用手前之,能尽然火之理者,前薪虽尽,后薪以续,前后相继,故火不灭也。"后用"薪尽火传"比喻师生相授,思想、学问、技艺代代流传。《儒林外史》五四回:"风流云散,贤豪才色总成空;薪尽火传,工匠市廛都有韵。"清陈康祺《燕下乡脞录》卷一:"闽中李文贞、蔡文勤二公重振龟山、考亭之绪,薪尽火传,理学大畅。"

膏火自煎

《庄子·人间世》:"山木自寇也,膏火自煎也。"成玄英疏:"膏能明照以充镫炬,为其有用,故被煎烧。岂独膏木,在人亦然。"因以"膏火自煎"比喻人因为才能或有财产而得祸。三国魏阮籍《咏怀》之八:"膏火自煎熬,多财为患害。"

城门失火,殃及池鱼

比喻无端受牵连遭祸害。《太平广记》卷四六六引应劭《风俗通》:"城门失火,殃及池鱼。旧说:池仲鱼,人姓字也,居宋城门,城门失火,延及其家,仲鱼烧死。又云:宋城门失火,人汲取池中水以沃灌之,池中空竭,鱼悉露死。"北齐杜弼《檄梁文》:"但恐楚国亡猿,祸延林木;城门失火,殃及池鱼。"《二十年目睹之怪现状》八九回:"他们穷了,又是终年的闹饥荒,连我养老的几吊棺材本,只怕从此拉倒了,这才是'城门失火,殃及池鱼'呢!"

二　带"火"的谚语

谚语是劳动人民对生产生活经验的总结,反映了劳动人民的聪明、智慧。

【柴多入灶塞死火】灶里有柴才能烧火做饭，但如果灶膛里塞入的柴太多，就会把火塞灭。比喻用人过滥，反会把事情办糟。

【火大无湿柴】指火大了湿柴最终也能被燃着。比喻人多力量大，再大的困难也能克服。

【不会做饭的看锅，会做饭的看火】火：火候。不会做饭的人只知道看锅，而不知道应该看火候；会做饭的人注意观察火候。比喻做事情要注意把握有利时机。

【杈头有火，锄头有水】指晾晒农作物，用杈勤倒翻就容易干；天旱无雨时，勤锄田能起到抗旱保墒的作用。

【不见胜仗胆不壮，不点灯火屋不亮】房子里只有点上灯才会发亮，当兵的打了胜仗之后更能增加胆量。

【火心要虚，人心要实】火心要架空，才能烧出旺火；人心要诚实，才能得到信任。指为人处世，最忌浮滑，应以诚信为本。

【妆未梳成不见客，不到火候不揭锅】还没有打扮好就不要心急见客人，还欠火候就不要着急揭锅盖。比喻时机不到或条件不成熟不可贸然行动。

三　带"火"的惯用语

惯用语，通俗易懂，形象生动，余韵丰富，带"火"的惯用语比较多，略做举例。

【大火烧着眉毛】形容情况紧急，形势严峻。

【大睁着两眼往火坑里跳】指眼看着灾祸降临却毫无办法，只能承受。

【眼睛里冒火】形容十分着急生气或贪婪的样子。

【喉咙里冒火】形容嗓子干渴难忍。

【火冒八丈高】形容非常生气或愤怒。

【接香火】指有了子孙后代。

【麦秸火脾气】麦秸干燥易燃。形容脾气急躁，容易冲动。

【识火色】比喻分得清场合或看得清形势。

【跳火坑】比喻使陷入痛苦悲惨的境地。

【烟不出火不进】形容人不发火不生气，非常老实或窝囊。

四　带"火"的歇后语

歇后语与谚语相比，更像插科打诨的"抖包袱"笑话儿，节奏感强，逗哏效果好。

【抱着柴火救火——倒帮忙】柴火：做燃料用的柴木、杂草等。指帮忙不得法或时机不对，反而扩大了灾害或增添了麻烦。也说"抱干柴救烈火——越帮越忙"。

【半空中的火把——高明】本指火把的光亮照在半空，转指见解深刻或技术高超。

【草人儿放火——自身难保】草人儿放火燃着了自己，更不用说帮助其他的人。

【二尺长的吹火筒——只有一个心眼】吹火筒：有细孔的竹质吹火助燃用具。心眼：本指吹火筒的细孔，转指人的心思。比喻人头脑简单，缺心眼。

【擀面杖吹火——不通气儿】擀面用的木棍儿，没有通气孔，无法用来吹火。本指空气不流通，转喻不通达事理。

【高粱秆点火——顺秆儿往上爬】本指火势沿着秆儿往上蔓延，转喻人得寸进尺。

【火星爷不放光——不知神灵】火星爷：即火神爷，掌管火的神。本指火神爷不放点火光出来，就不知神灵的威力。转喻不知道厉害所在。

【千年古树当火棍——大老粗】火棍：指烧土灶时用来添柴火的工具，非常平常的东西。比喻没有文化没有见识，只知道干粗活的人。

【檀香木做烧火棍——屈了材料】檀香木：一种贵重的木材。本指使用木材不当,转指大材小用,浪费了人才。

【小庙的神——没见过大香火】比喻经历浅,见闻不广,未见过大世面。

【野地里烤火——一面儿热】一面儿热:双关,本指朝向火的一面感到热,转指双方当事人,只有一方热情。

【烟头掉进衣裳口袋里——烧包】烧包:双关,本指烧着了衣裳口袋,转指由于暂时得势而忘乎所以。商丘人甚至常常直接甩出"烧包"一词,比喻人过分骄傲,得意忘形。

第三节 商丘火文化楹联

一 题商丘燧皇陵联

(一)五言楹联

火祖三皇首;商丘万古陵。

——四川 马 弘

一人生火种;万众福春秋。

——湖南 何其谷

一点星星火;千秋赫赫光。

——江西 曾小云

三皇居其首;一火乃化人。

——四川 安全东

化腥泽百世;取火耀千秋。

——湖南 何其谷

火种兴华夏;皇陵耀邑都。

——贵州 龙光良

风已宗华夏;火犹照八荒。

——河南 马腾飞

火种播寰宇；功德覆大千。

　　　　　　　　　　　　　　　——江西　刘　鎏

位在三皇首；功开一脉天。

　　　　　　　　　　　　　　　——吉林　李文成

点燃盘古梦；照亮玉皇天。

　　　　　　　　　　　　　　　——湖北　吴文生

神州归德化；圣火启文明。

　　　　　　　　　　　　　　　——浙江　周方忠

钻出文明火；点燃智慧灯。

　　　　　　　　　　　　　　　——江西　卢象贤

燧木生天火；神州腾巨龙。

　　　　　　　　　　　　　　　——河南　唐勤亮

燧火分人兽；荐香馥地天。

　　　　　　　　　　　　　　　——广东　谢　潇

燧火传万代；皇陵仰千秋。

　　　　　　　　　　　　　　　——广西　杨炳伟

燧皇一点火；华夏万年情。

　　　　　　　　　　　　　　　——安徽　王之秀

（二）六言楹联

始创人间圣火；启开古国文明。

　　　　　　　　　　　　　　　——江西　刘剑光

薪火相传华夏；燧陵承载文明。

　　　　　　　　　　　　　　　——河北　袁国忠

（三）七言楹联

一人取火开新纪；万代焚香祀圣皇。

　　　　　　　　　　　　　　　——广西　胡育秋

一火传五湖四海；三皇启万代千秋。

——陕西　解维汉

一团爱火燃天下；四海游人拜殿前。

——河北　崔会格

人类于斯知用火；世间从此肇文明。

——福建　潘炳煌

万古圣心昭烈日；一星火种播春风。

——江西　胡小敏

上古燧皇留火种；文明华夏写新篇。

——安徽　丁德恒

千古燧皇开火源；九州颙民沐恩泽。

——河南　徐　涛

千秋火祀三皇首；四宇恩加万姓身。

——辽宁　杨志峰

千秋圣火光华夏；一脉人文灿古今。

——山西　梁　璞

中华火种耀龙种；燧帝英魂壮民魂。

——湖南　何其谷

手自分工别禽兽；人从取火近文明。

——广东　胡文汉

火光照亮文明路；德化铺开历史篇。

——江苏　刘湘梅

火祖火神驱黑暗，燧石燧木引光明。

——湖南　罗清佐

文明一炬辉华夏；俎豆千秋祭昊天。

——河南　宋存杰

文明跨越谁播火？风雨传承我助薪。

——安徽　杨保锋

为瞻万古燧皇迹；来仰九州圣火源。

——安徽　王之秀

功悬日月晖天地；福泽古今暖神州。

——湖北　邹学本

圣火同日魂月魄；英名并地老天荒。

——山西　马志成

圣火始开新世纪；大德永树美人间。

——天津　杨浩山

圣火燃情传一脉；皇陵播爱续千秋。

——山西　梁　璞

兆民感念燧皇火；一炬燃红世界天。

——安徽　王之秀

取新火而成始祖；拓洪荒则创史诗。

——福建　黄　斌

点燃人类文明火；照亮中华锦绣程。

——安徽　吴进文

点燃华夏文明火；照亮蛮荒混沌天。

——山东　温家才

皇陵埋下燧皇氏；火种点燃圣火源。

——湖北　郑泽宇

禹域古今千载史；燧皇前后两重天。

——江苏　徐　琳

俎豆千秋怀圣德；火星一点启文明。

——湖北　胡跃飞

送来天上文明火；铸就人间青史功。

——河南 张学勇

结绳走向文明路；取火推开幸福门。

——湖北 李宏伟

钻出燧木星星火；开启文明万万年。

——山东 李忠林

钻燧化腥泽万世；养人利性惠千秋。

——湖北 张琼菊

浩荡皇恩堪盖世；文明火种喜燎原。

——重庆 吴洪美

浩瀚中华千古事；文明燧火万年情。

——山西 薛德虎

捧出心里一团火；扮靓人间万木春。

——河北 崔会格

教化无私民受泽；文明有种火传薪。

——山东 苏振学

盘古擎天开九域；燧人取火列三皇。

——广东 吴廷辉

摒除蒙昧星星火；肇始文明赫赫光。

——湖南 陈虹求

睢阳圣火开天地；华夏文明传古今。

——河北 耿战浩

照亮文明燃一炬；延来圣火耀千秋。

——湖北 曹克定

潜心钻木黎民悦；伴月生辉姓氏香。

——广东 李伟兴

薪传一脉流香远；火续千秋惠泽长。

——山西　梁　璞

燧人取火三皇首；禹甸文明千载传。

——福建　林启贤

燧火红燃全世界；商人足遍大中华。

——山西　薛德虎

燧火清除黑暗地；神光开辟文明天。

——辽宁　高源清

燧明之火耀华夏；英睿之魂壮九州。

——河南　张东亮

燧皇乃三皇之首；风姓为万姓之源。

——河南　李刚太

燧星燧火熔钢铁；皇帝皇陵烁古今。

——河南　欧阳元展

（四）八字楹联

送来神火，迎来红火；捧出光明，创出文明。

——河南　宋　斌

万姓共尊，风行天下；三皇居首，火暖人间。

——湖南　文会鹏

长传华夏文明之火；不忘炎黄裔族之源。

——浙江　吴亚卿

火生天地，燧人钻取；爱在人间，大德绵延。

——安徽　王庆绪

功盖千秋，是光使者；恩施百姓，乃火精魂。

——江西　曾小云

圣火之根，溯源溯脉；人文之本，归德归心。

——山西　梁　璞

圣火源头，三皇之首；熟食故里，百姓之都。

——河南　石心泉

圣德崇高，驱除愚昧；皇恩浩荡，拥抱光明。

——江西　李子民

百味烹肴，归功有火；众生熟食，与兽分行。

——湖北　李朝阳

传薪广宇，济民万代；问鼎中华，经国千秋。

——四川　李　村

告别蛮荒，功铭取火；追求梦想，业赖传薪。

——江苏　严金海

位列三皇，功垂万代；中华不灭，火种长燃。

——江西　曾小云

取日月精华传后世；修乾坤正德仰先贤。

——天津　毛祖松

点燃华夏文明火种；开启子孙智慧光芒。

——辽宁　王　曦

结绳方书帝王历史；取火始启华夏文明。

——安徽　高　明

钻燧传薪，功高宇内；驱寒化熟，火暖人间。

——四川　李凤能

捧出心中一团爱火；迎来天下万里新春。

——河北　崔会格

智者播光，商丘璀璨；燧人生火，华夏文明。

——广西　黄　江

照彻洪荒，功成一炬；启蒙华夏，位列三皇。

——河南　王忠平

遮体制衣，当思黄帝；烹食取火，岂忘燧人。

——湖北　胡定新

燧木一人，万家举火；丰功斯世，九域同春。

——河南　李来栓

熠熠文明，燧皇之火；巍巍华夏，永世其光。

——湖南　沈保玲

（五）九字楹联

一钻破冥蒙，人开新纪；群生沾恩泽，史见光明。

——江西　李汝启

九天揽月，当知拜火祖；万户调羹，牢记谢燧人。

——河南　宋金洪

万道光明，兴乾坤伟业；一颗火种，启亘古文明。

——天津　吕克贤

木中得火，始列三皇首；物有其名，独开一世先。

——河北　付会军

古柏参天，清风盈袖底；丹心化日，圣火暖人间。

——湖南　戴高峰

圣火启文明，功德无量；商丘留胜迹，陵寝生辉。

——广东　刘安民

至德冠三皇，允称火祖；厥功传万世，肇启中华。

——河北　王天明

取火精神，可为民尽用；扬名华夏，永令世余温。

——广东　赵秀敏

钻木送光明，功垂万古；御灾启智慧，德泽千秋。

——江西　彭克云

肇华夏文明，人尊火祖；开神州姓氏，世奉天皇。

——河南　尚起兴

燧火播千年，福泽天下；文明达九域，源起商丘。

——河南 王恭启

燧皇取火，播下文明种；华夏归根，汇成道德流。

——湖北 张桂生

（六）十字楹联

人工取火，开创文明时代；
熟食教民，剪来幸福春光。

——江西 叶金生

千古其人，传华夏文明火；
三皇之首，布商丘仁德风。

——河南 吴继强

红红火火，开启燃情岁月；
久久长长，传扬载史声名。

——黑龙江 战海波

远古洪荒，点燃文明圣火；
中原沃土，开启智慧灵光。

——湖北 胡鉴明

取火精神，位列三皇之首；
治陶技艺，心怀百姓所忧。

——广东 赵秀敏

开启文明，朽木初生火种；
驱除暗昧，神光乍现微芒。

——江西 曾小云

燧火惠民，无愧三皇之首；
圣辉垂世，长昭九域之光。

——河南 陈书锦

燧皇取火，照远古文明路；
后辈筑陵，绘神州盛世图。

——吉林　林　山

燧皇觅燧，燧石根在古宋；
火神管火，火种源于归德。

——河南　许化民

开记事先河，结绳非小技；
远茹毛历史，取火最丰功。

——江西　赖永生

火祖肇文明，位列三皇首；
商丘开教化，功铭百姓心。

——湖南　李爱民

得造化以为先，三皇之首；
济生灵而取火，万世之尊。

——山东　王世侠

盘中粒米皆艰，当思农者；
席上美肴不易，莫忘燧人。

——湖北　胡定新

取星火，教饪烹，功垂万世；
创文明，化蒙昧，德泽九州。

——湖北　胡术林

（七）十一字楹联

火焚蛮荒，熊熊烧出新时代；
日辉陵墓，赫赫映来古圣贤。

——中国楹联学会会长　蒋有泉

一方热土，时光密储熊熊火；
万古嘉城，山水珍藏凛凛风。

——辽宁 王瑞华

一火能燃，从此人间生饱暖；
三商既起，自兹社会有流通。

——上海 袁人瑞

一代燧皇，长使光明泽后世；
千秋圣火，永燃希望照前程。

——北京 孟广祥

一统归德，万里神州添锦绣；
三皇居首，千秋圣火启文明。

——浙江 周方忠

一燧立前，神州钻取文明火；
三皇居首，归德追寻历史踪。

——江苏 渠芳慧

三皇之首，文明之火燃华夏；
百姓之福，强盛之邦拜古陵。

——吉林 吕淳民

万古商丘，人工取火发源地；
三皇魁首，圣迹生辉赤县天。

——辽宁 肖德安

万代传薪，苍生永续先皇火；
九原布暖，赤子高扬燧祖光。

——江苏 季 琛

万里寻根，四海商人尊始祖；
亿民戴德，九州赤子祭王侯。

——湖南 何其谷

千古燧皇，圣火点燃华夏史；
一陵史迹，高风标志故园春。

——广东　林锦城

开万象之光，圣火于斯发轫；
列三皇之首，宗风在此传薪。

——广西　周继勇

开天辟地，燧皇火种传寰宇；
崇德铭恩，华夏文明开纪元。

——河北　王　坤

天许燧皇，取火种传于四海；
德昭禹甸，载文明继以千秋。

——河北　王更瑜

化彼蛮荒，圣火长燃区宇白；
迁斯乐土，苍生为念寸心丹。

——江苏　关永梅

仓颉造字，人类斯文此肇启；
燧人取火，世界光明兹始开。

——河南　古　韵

火佑苍生，九域光明怀盛德；
雨苏青野，一城画卷起新程。

——甘肃　毛得江

火诞商丘，终结饮血茹毛史；
功归允婼，掀起悦民济世潮。

——北京　赵春明

火种取来，天翻地覆当如是；
燧皇归去，饮血茹毛已辨非。

——江苏　康黎明

火祖无前，肇使人猿相揖别；
商丘有幸，催生华夏共繁荣。

——江苏　汪士延

火耀蛮荒，懿行勋列三皇首；
泽被华夏，懋德名扬九域中。

——山东　张树路

文明发轫，燧皇钻木灵犀始；
火种传承，厨艺开基人道初。

——宁夏　曹　雄

以火照乾坤，位列三皇之首；
惟绳记日月，名扬四海之极。

——北京　赵久生

功泽万民，燧取出文明火种；
薪传千载，我播来华夏春光。

——河南　葛永红

功德于民，千秋永照文明火；
皇陵在彼，四海同衔先祖恩。

——河北　董汝河

古已垂功，启燃华夏文明火；
今犹续梦，播满宇寰幸福光。

——安徽　陈自如

古冢雄哉，引我怀，中华火种；
燧皇智矣，励人续，华夏文明。

——四川　王贞友

世有燧皇，便无饮血茹毛者；
今传圣火，更励燃情追梦人。

——湖南　刘进平

石破天惊，灵光一点文明肇；
薪传火继，造化无穷世界新。

——四川　孙道雄

史页初翻，一星火种辉长夜；
恩泽同沐，九域心香荐至贤。

——江苏　杨发余

圣火燃情，大名荣列三皇首；
后昆逐梦，远景交融七彩间。

——安徽　解云凤

圣者人来，情怀自是如光暖；
粲然火出，世界从兹逐日新。

——吉林　温　瑞

有史以来，火播华夏文明种；
传薪而后，人沐燧皇雨露恩。

——河北　赵训铃

华夏相承，燧陵同仰始于此；
文明已诞，圣火常燃尽识君。

——马来西亚　林声耀

名列三皇，发明取火化生冷；
功垂万代，祭奠焚香铭圣恩。

——河南　胡吉祥

名列三皇，点燃华夏文明火；
香焚万世，凝聚人民炽热心。

——河南　翟红本

宇宙洪荒，茹毛饮血先民苦；
文明肇启，熟食暖居后世甜。

——江苏　李海章

驱混沌，驱荒凉，名入三皇列；
送光明，送温暖，火为百业源。

——江苏 李海章

取五木光，人类文明由火始；
尊三皇首，中华宗祖自根来。

——湖北 张应明

取火一星，自是生民甘熟食；
燃情万古，果然炎德焕文明。

——湖南 刘进平

取火化腥，九域文明从此始；
瞻陵谒祖，千秋德泽自兹沾。

——福建 沈进龙

取火而传，教熟食绵其国祚；
结绳以记，为生民奠此天维。

——山西 张兴贵

取火结绳，陵前一拜思先祖；
齐天识物，风后千家始姓名。

——甘肃 徐维强

取火惠民，咸尊天地三皇首；
结绳记事，不废江河万古名。

——河北 白国成

若非钻木，世间难改茹毛俗；
喜有燧皇，天下遂无饮血人。

——山西 薛启发

茹毛饮血，乾坤混沌星辰暗；
取暖驱寒，世界文明日月新。

——湖南 何惠明

点文明火，燧皇崇作三皇首；
发熟食香，龙脉疏通百脉春。

——辽宁　赵文华

星火闪时，五千载文明发轫；
春潮涌处，十亿民梦想扬帆。

——江苏　刘湘梅

星火燎原，盛德威灵配天地；
祖恩隆泰，紫气霞光贯古今。

——河南　金学锋

济世生民，启蒙允列三皇首；
御寒熟食，播火长赢万代心。

——山东　冯衍斌

钻木击石，教人类揖别蒙昧；
传薪播火，为神州留取光明。

——山西　朱天运

钻出文明，万古燧人归德府；
放飞梦想，八方火种取商丘。

——河北　王丽君

钻燧取火，始创文明传代代；
喷火冲天，终游玉宇探年年。

——河南　朱昆良

陵寝依然，终古商丘传圣火；
仪型宛在，至今黎庶颂丰功。

——湖南　陈维昌

猎渔导众，智慧铸成千载史；
钻燧传薪，光明化育九州春。

——湖南　冯昌荣

商丘火种，点燃华夏文明史；
人类光辉，照耀寰球进化心。

——河北　冯贵明

黑夜无涯，猎猎寒风侵月暗；
苍黎有幸，彤彤燧火破天荒。

——河南　孙付斗

智者灵心，点燃人类文明火；
天皇懋德，肇起神州幸福源。

——江西　钟　宇

智慧生光，饮血茹毛归历史；
德仁济世，养身利性启文明。

——北京　孟繁全

愚昧谁开，硕德点化龙族梦；
精神不泯，星火燃红儿女心。

——山西　许景华

赫赫煌煌，世上感恩文化火；
鱼鱼雅雅，人间献礼燧皇陵。

——安徽　陈　峰

睿智融天，五行奥妙木生火；
神功益世，百姓盘餐食去腥。

——湖北　刘会坚

褪尽蛮荒，遥想先民叨脍炙；
凿开混沌，新看后世奉蒸尝。

——湖南　周永红

德星朗照，圣火明光华夏地；
文焰高腾，燎原势起燧皇陵。

——福建　庄垂灿

燧王已去，名震皇天辉九域；
圣火犹燃，光遗禹迹耀千秋。

——贵州　陆进平

燧木功昭，商丘永葆春秋火；
皇陵德耀，赤县高擎日月光。

——湖南　陈　都

燧火时时，柏树四周三皇首；
炊烟处处，桑麻万户太平人。

——福建　姚金銮

燧火燎原，辉映历史彰赤县；
皇恩动地，名垂商都裕苍生。

——江西　李家孟

燧石烧天，万世隆恩怀始祖；
人间播火，千秋伟业拜皇陵。

——湖南　黄茂林

播火启文明，陵墓九重焕彩；
植根催发展，声名万古流芳。

——湖南　熊伯光

燧皇点亮星星火，情传世界；
圣祖燃明户户灯，爱播人间。

——广东　林　涛

采商丘草木之光，传其火燧；
启华夏文明之始，仰我圣皇。

——江西　胡小敏

燧木立奇功，生命火，文化火；
皇陵留胜迹，缅怀风，旅游风。

——湖南　陈艳凤

（八）十二字楹联

钻木山前，思维在火星中绽蕾；
研发利箭，创造于燧热处发芽。

——河南　吕伯新

火星一迸，智慧光芒穿行宇宙；
众妙惟钻，精神力量哺育中华。

——河南　闫本亮

混沌初开，燧皇赐火，点燃希望；
寝陵敬筑，华裔掏心，构建辉煌。

——湖北　石金舟

一火去鸿蒙，九州开启文明路；
千秋怀圣泽，万众放飞梦想图。

——湖南　孔根吾

一火破鸿蒙，风雨难磨神地位；
千秋开智慧，沧桑灿放古文明。

——山东　吕传福

三皇第一人，归德商丘传圣火；
万古无双业，施恩华夏诞文明。

——辽宁　王庆敏

大德列三皇，钻燃人类星星火；
丰功铭万世，照亮中华漫漫程。

——广西　何英丽

五木启文明，一把火烧开混沌；
千秋延俎豆，万般恩泽及儿孙。

——河北　陈双田

从蒙昧走来，先皇点亮人间火；
让洪荒远去，龙族燃红华夏天。

——山西　杨新立

火种启文明，高功不在炎黄下；
崇陵怀帝德，余耀犹存日月中。

——浙江　何智勇

火种启光明，震世惊天修圣德；
皇陵朝日月，驱妖逐鬼庇生灵。

——湖南　文绍国

为华夏火神，千古犹传钻木法；
是人文始祖，万方尽谒燧皇陵。

——甘肃　苏纪利

圣火辟洪荒，燧皇一炬光寰宇；
丰功书史册，恩泽千秋惠众生。

——河南　彭天申

此地火之源，燧木多情传火德；
何方春有脚，睢阳无处不春风。

——湖南　曹毅前

别饮血茹毛，华夏之声歌始祖；
来溯源追梦，文明之火起商丘。

——甘肃　苏纪利

启圣火以来，德化万民增活力；
立燧皇之极，功兴九土见生机。

——河南　林玉新

取火化腥臊，熟食为餐民病少；
铸功垂竹帛，崇陵享祭酒香浓。

——湖南　冷阳春

创造列三皇，取火煮烹曾钻木；
仰瞻来万里，焚香拜谒更寻源。

——湖南　谢雄宇

远古谁言远，恩德千年摩北斗；
皇陵莫叹幽，光明万代照心中。

——河南　李玉洋

取火创文明，饮血茹毛从此止；
高风昭日月，谒陵顿首再举香。

——湖北　王忠刚

取火启文明，论功合在三皇首；
为民添福泽，尊圣当于万古中。

——安徽　宋贞汉

取火肇文明，一件事苍生蒙惠；
高功铭简册，五千年德望积山。

——山西　乔中兴

非天上盗来，一点燎原遗泽远；
为人间饱暖，三皇居首仰功高。

——河南　何保锋

钻木生火焰，钻开万代文明史；
照灯举人间，照亮九州不夜天。

——贵州　郭福豪

钻木始当年，从此人间添灶火；
贻泽垂后世，至今天下乐烹调。

——青海　吴之恒

钻木解天机，旷世文明延火种；
结绳传智慧，开光日月耀神州。

——四川　陈加容

钻木肇文明，始除饮血茹毛习；
圣行昭史册，不亚开天辟地功。

——湖南　孔根吾

钻燧启光明，祖武千秋传圣火；
焚香陈俎豆，人文一脉溯真源。

——重庆　文　伟

焕万载其光，商丘一粒文明火；
仰三皇之首，华夏九霄智慧星。

——湖北　程　鸿

赖盘古开天，将地球消除黑暗；
欣燧皇钻木，让天下走向光明。

——湖北　陈其水

燧火启文明，功行标在三皇首；
商丘开祖烈，姓氏生成四海根。

——广东　刘革新

燧火肇文明，八万里同尊圣祖；
皇陵生敬畏，五千年不绝馨香。

——山西　杨怀胜

燧启文明火，茹毛饮血由兹变；
人成烹饪家，美味佳肴从此来。

——辽宁　刘普昌

燧皇取火真神，乃别茹毛饮血；
华夏传薪不绝，当思献热增光。

——安徽　张应中

钻木能生火焰，给世送光送暖；
烤食可去腥膻，为民防病防寒。

——陕西　韦孟记

以文明胜野蛮，凭烟火重生术；
从兽族成人类，谢燧皇再造恩。

——江西 杨根元

成炎炎烈烈之功，故使王天下；
秉赫赫明明之德，永以佑人间。

——四川 贾雪梅

先皇取火教人熟食，丹心可敬；
巨手开篇造世生机，大德长存。

——湖北 南策英

（九）十三字楹联

观天象，制历法，始祖建千秋伟业；
邀火神，烹熟食，燧皇树万世丰碑。

——河南 邓济舟

破洪荒，开世界，俎豆千秋尊燧火；
系绳结，启文明，馨香万古惠人寰。

——山东 王 建

吾辈同钦，谒祖尊皇，开文明之史；
其功至伟，授人取火，别禽兽之餐。

——广东 卢旭逢

圣火燃情，看明德传薪，光腾华夏；
商丘焕彩，喜丹心捧日，辉映江山。

——广东 李清才

百族溯源，灿灼灼灵光，人寰开眼；
三皇冠首，传昭昭大德，天下归心。

——山西 白晋锋

取火非常业，祥发睢阳，芳传寰宇；
教人特异功，光昭青史，泽润苍生。

——福建　王丽水

化腥臊为美味，火种拓开新世界；
驱寒冷致常温，文明起始古商丘。

——河北　韩进卿

火从远古传来，文明是你的风采；
光向人心照去，创造乃龙的传奇。

——陕西　张斌礼

击石钻木奚为？人间烟火于兹始；
饮血茹毛不再，天下文明从此开。

——湖南　吕可夫

驱寒冷致常温，世间蒙昧已结束；
化腥臊为美味，人类文明正启程。

——河北　韩进卿

（十）十四字楹联

破黑暗，驱苍凉，神州处处光明温暖；
化膻腥，冶铜铁，新纪年年虎跃龙腾。

——河南　宋　斌

震古烁今，华夏文明炬，自燧皇点起；
光前裕后，商丘奋进程，向新梦开拔。

——河北　杜向明

揖别蛮荒，划开黑夜茫茫，心存冀望；
刷新岁月，燃起红光猎猎，步向文明。

——广东　梁　健

钻木功高，告别茹毛饮血，恒开熟食；
燧人德厚，发明取火为炊，永播文明。

——湖南　谌时敏

一火破鸿蒙，开智慧先河，芳留四海；
千秋尊始祖，创文明社会，位列三皇。

——山东　吕传福

国史溯源头，勒卷首弁言，祖先第一；
文明撑砥柱，与娲神太昊，鼎足而三。

——吉林　刘光和

倘无先祖燧皇，吾侪恐尚茹毛饮血；
没有当年钻木，今日何来探月巡天。

（十一）十五字楹联

古柏葱茏，千年护墓，碑字依然题火树；
燧皇贤圣，一念为民，世人岂可忘神君。

——河南　刘　明

位列三皇，钻木传奇，取来火种乾坤暖；
功垂万代，教人熟食，开启文明华夏兴。

——辽宁　田庆友

茹毛饮血，燧火而终，始有文明因熟食；
寄穴居岩，营房即止，初从教化别生番。

——湖南　傅声乔

燧皇钻木，薪火相传，熟食壮体合族旺；
信众扫陵，香烟无断，敬拜祈福百业兴。

——河南　李　辉

播火人间，脱离蒙昧，自斯开辟文明界；
建功天下，润泽古今，朝圣谨怀恭敬心。

——河南　樊保童

皇陵耸峙，神道敞开，古老睢阳传火种；
盛势燎燃，强邦崛起，文明华夏振金声。

——湖南　唐格安

钻木生烟，薪火相传，济世经邦调鼎鼐；
拜堂点烛，香灯永继，光前裕后照乾坤。

——香港　高文富

溯史觅燧皇伟业，华夏车轮，于斯发轫；
谒陵闻始祖遗声，文明火种，待尔传薪。

——河北　籍兵山

一支华夏光明火，开辟鸿蒙，乾坤照亮；
万古中原文化城，隆兴骏业，岁月燃红。

——安徽　王之秀

(十二) 十六字楹联

功德千秋，取火化腥臊，华夏文明怀圣帝；
春风万里，强民兴伟业，神州昌盛谱新篇。

——湖北　袁天法

教民取火，熟食远腥臊，功高位列三皇首；
辟地立陵，经年隆俎豆，德厚名承百世尊。

——北京　王　波

燧人钻木，制造文明之火，开创文明时代；
华夏昂头，承传奥运大旗，发扬奥运精神。

——河南　沈其丽

火肇文明，惠众生以拓蛮荒，炫山河彩绘；
恩兴华夏，创万物而光禹甸，放宇宙龙腾。

——河南　杨　稊

壮睢阳气象，数典追源，青史长留先祖德；
启华夏文明，传薪播火，谁人不仰燧皇恩？

——广东　孔令斌

种火应时生，谁是先知，可料遍燃全世界；
燧皇斯地卧，我来凭吊，难忘曾转旧乾坤。

——湖南　黄建中

念青史悠悠，薪火相传，商丘播撒文明种；
叹黄河滚滚，精神永继，禹甸翻开灿烂篇。

——北京　项光来

将圣火燃烧，炳耀乾坤，开启文明新视野；
把龙魂铸锻，复兴华夏，放飞梦想古商丘。

——安徽　汪星群

举火耀神州，一片光明，德冠三皇今古颂；
教民知熟食，四时温饱，恩铭万代海天长。

——安徽　王之秀

钻木化腥臊，泽被万众，千载高擎华夏火；
观星定天地，名冠三皇，九州同沐圣贤风。

——安徽　黄　宇

熟食去腥臊，燧氏功勋，地老天荒长不朽；
皇陵追往古，火乡文化，中经外典独非凡。

——湖南　刘凌云

火苗也有根，凭谁浇灌文明，成中华亮点；
圣道岂无脉，藉此燃烧梦想，扬上古灵光。

——河北　陈双田

五千年火火红红，给天下通明，生灵敬仰；
九万里煌煌闪闪，为人间造福，华夏尊崇。

——福建　王雪森

火德中西拜二神，普氏自堪崇，犹称后辈；
人文世界传千纪，伏羲元可继，并作先驱。

——广东　苏　俊

开创文明，弃饮血茹毛，中华火种萌生地；
钻研事理，倡教民熟食，历史光辉播洒人。

——河北　苏雪峰

上溯五千年，饮血茹毛，蒙昧时期何日止；
纵观九万里，钻薪生火，文明华夏燧皇开。

——湖北　胡术林

（十三）十七字楹联
钻木生烟，炙肉而餐，改写茹毛饮血野蛮史；
传民以火，燃篝起舞，翻开纬地经天文化篇。

——福建　翁景星

燧木流光，点燃一缕柴薪，混沌初开传火种；
皇天昭德，照亮千年暗夜，绵延不息播文明。

——湖南　吴建华

取火照神州，一片光明，德冠三皇，功辉日月；
教民知熟食，四时饱暖，恩铭万古，爱满乾坤。

——安徽　王之秀

只手拯饥寒，看万点神州，同传上古星星火；
大功垂姓字，仰九重庙宇，长启后人脉脉思。

——四川　龚　飞

列三皇之首，取火助文明，千秋功德子孙仰；
与五帝比肩，眠斯观世界，万里江山华夏荣。

——湖北 赵 勇

燧皇开序幕，以雷电为师，文明火种用心点；
古冢据商丘，凭河山作证，华夏祖根于此生。

——江西 张绍斌

沿神道而来，仰华夏之光，此地传薪辉后世；
捧丹心以拜，感文明之火，斯人钻木启先河。

——广西 周继勇

告别茹毛饮血，华夏神州，是谁燃起文明火；
自当叩首焚香，燧皇圣殿，看我捧来恭敬心。

——江西 雷银喜

燧皇钻木而燃，熟食热肠，人类文明由此启；
天道怜民以福，盛仪腾焰，中华圣火自兹传。

——安徽 陈剑峰

三皇之首启文明，后有伏羲创卦，女娲创世；
万古之魂安宝地，且看雷电燃云，木石燃情。

——江西 张绍斌

（十四）十八字以上楹联

立陵彰盛德，使人熟食养身，初启文明开教化；
稽首拜天皇，从此烟浓灯灿，永留火种福黎元。

——江苏 卜用可

看陵前灿烂河山，擎起文明，浩浩宗风谁启运？
揽史上峥嵘岁月，甩开蒙昧，熊熊圣火此传薪。

——广西 周继勇

请帝喾燧皇升座，请范公微子登堂，趋身一拜；

与乡亲父老寄情，与文士联家论道，放胆三杯。

————中国楹联学会　常江

取火利人，结绳利事，名冠三皇，上宙大神天地祭；

登台传教，立族传宗，功开五帝，中华始祖古今尊。

————江苏　闫长安

智开蒙昧，取火以来，肇启文明，风雨春秋兴凤历；

业振洪荒，传薪而至，频圆梦想，河山带砺铸龙魂。

————福建　黄　斌

燃文明之圣火，奠河洛之宏基，鼻祖功高同泰岳；

开烹饪之先献，赐兽禽之雅姓，燧皇德厚耀神州。

————湖南　佘必武

名传后世，纵雨侵残碑，尘堆荒冢，千载声威仍浩荡；

智济苍生，凭木燧星火，温暖寒宵，两间天地总辉煌。

————辽宁　王瑞华

取火以利生，烧除蒙昧，点亮文明，勋功无愧三皇首；

结绳而记事，立姓建宗，筑台传教，俎豆堪为万世尊。

————河北　田　伟

德铭燧人氏，点燃火种，从此暖居，催生进化三皇首；

功启新纪元，告别蛮荒，教人熟食，创造文明万类兴。

————湖南　熊建光

凭吊燧皇陵，敬仰发明奇绩，福暖苍生，圣火然然天色亮；

慕游名胜处，远揽嵩岳钟灵，大河毓秀，睢阳灿灿物华荣。

————河南　张振发

自燧皇而启化，每让炙啖香浓，熟餐味美，茹毛饮血成过往；

于商邑而发祥，但使暗夜犹明，严冬尚暖，火种刀耕始肇开。

————辽宁　杨晓雁

二 题商丘阏伯台联

（一）五六字楹联

瓦陶回汉纪；神火起灵台。

——辽宁 田庆友

火宿星天耀；神灵梦境游。

——重庆 吴洪美

列野星辰在；围台草木青。

——上海 宋 彬

观星四千载；敬火七百年。

——福建 洪燕彦

观星调节令；祀火正春秋。

——青海 吴之恒

手执万家灯火；眼观四季风云。

——湖南 文会鹏

（二）七字楹联

火正观星分季节；农耕应变似人生。

——北京 刘占一

探测火星睁慧眼；明察物候握农时。

——辽宁 田庆友

察火司天划季节；观星测位定农时。

——山西 石继周

管火当年传令誉，观星今日仰先贤。

——湖北 李西亭

不熄华夏千年火；永念阏伯一代神。

——江西 雷银喜

日月双辉阏伯庙；星云一览火神台。

——广东 林锦城

火正观星能运火；商丘自古善经商。

——河南　李刚太

火德中天正华夏；文明上古长暖春。

——福建　姚金銮

斗转星移藏奥妙；石击火起助文明。

——湖北　赵　勇

台上星空谁识透？人间农事我安排！

——山西　薛德虎

台观星火知兴替；史鉴沧桑证古今。

——山西　梁　璞

传薪有道功稀世；佑我无疆台近天。

——河南　宋存杰

华夏观星台最早；阏公建庙录非遗。

——安徽　丁德恒

灯火火星天地灿；风云云汉古今茫。

——山西　李大成

观星象风云在握；知天时渔稼常丰。

——山西　李大成

近仰高台怀阏伯；远观心宿识天文。

——湖南　曹毅前

祀主辰星封火正；节分时序导农耕。

——山东　苏振学

要知祸福观天象；若问文明拜火神。

——广东　胡文汉

测星察宿呈天瑞；蓄火传民兆地祥。

——江西　李家孟

阏台圣火昭千古；遗址文明著九州。

——广东 吴廷辉

察日观星谁比早；究天济世史无前。

——安徽 解云凤

四千年红红火火；八方客喜喜洋洋。

——河北 孙宗会

辨辰星区分季节；观气象以定农时。

——湖北 胡鉴明

（三）八字楹联

九千年久仰火神殿；三万里同观阏伯台。

——江苏 王继荣

洞观星相以行农事；慎护火源而济苍生。

——河南 王忠平

观星象，保风调雨顺；晓世辛，谋国泰民安。

——江苏 王克民

封国于商，与参不见；得民所爱，同火咸尊。

——江西 曾小云

高台圣火，续文明史；济世丹心，开福祉源。

——河南 唐勤亮

普照穷黎，就之如日；不息火种，赖此传薪。

——广东 李清才

（四）九字楹联

千载文明，阏伯育火种；一方福地，帝喾兴高辛。

——河南 黄银生

百尺高台，正宜观气象；千年故址，理应入非遗。

——四川 罗大千

问地问天，保千秋社稷；消灾消难，祈百姓平安。

——河南　吴继强

受业帝尧，掌星辰之祀；接司火正，管季节之分。

——山东　雷　鸣

历法肇文明，功垂九域；商星同日月，光耀千秋。

——河北　王天明

设台观天象，为民谋福；建庙祭火神，立节献诚。

——广东　黄隆梁

纵历史消磨，却添丘土；虽人文浩渺，但捧商星。

——重庆　彭学情

（五）十字楹联

忆往昔，主火观星成过去；
看今日，安邦济世唱开来。

——河南　唐勤亮

一个人，一辈子，天天管火；
四方客，四千年，岁岁朝台。

——河南　谢君善

观星象，助农耕，繁荣经济；
管火苗，帮百姓，发展文明。

——河南　朱昆良

封火正，观火星，功勋卓著；
授民时，理民事，俎豆馨香。

——河南　沈其丽

播火种，传文明，光辉天地；
观星河，佑华夏，福泽乾坤。

——河南　陈书锦

耀日烛天，动火原宜谨慎；
消灾祈福，求神切莫贪婪。

　　　　　　　　——河南　方应展

祭火观星，极目千年宇宙；
登台揽月，骋怀万里江山。

　　　　　　　　——湖南　周永红

慧眼观星，咸服先贤大智；
真诠在此，放歌阏伯高台。

　　　　　　　　——湖南　陈维昌

台祀火神，察火星之行径；
地邻商祖，隆商海之经营。

　　　　　　　　——浙江　吴亚卿

留火种与人寰，功归社稷；
变星芒为历法，谁主春秋？

　　　　　　　　——江西　刘新才

（六）十一字楹联

火正观天，定农时，开耕播种；
星辰移位，分季节，立夏分春。

　　　　　　　　——广东　张松生

于国有功，祈福黎民阏伯庙；
为时所用，呈祥万象火星台。

　　　　　　　　——湖南　熊建光

中州分野，心宿三星天正位；
六合阴晴，云台千载雨交风。

　　　　　　　　——上海　宋　彬

火尽薪传，护神焰何惧风雨？
星移斗转，守农时不误春秋。

——河南　徐　涛

火神遗址，品读天文科考站；
燧氏摇篮，研究历史大观园。

——河北　冯贵明

心怀黎庶，舍生已作光明使；
名化商丘，仰德当来阏伯台。

——广东　刘革新

古筑高台，观天欲揽星和月；
今存胜迹，傲世长扬誉与名。

——黑龙江　战海波

占卜何灵，引出陈桥皇帝梦；
观星最早，称为阏伯火神台。

——湖南　傅声乔

台立千秋，庙宇重修堪画境；
星观万象，火神隆祀入非遗。

——湖南　朱海清

宋水悠悠，殷商开国始都地；
高丘灿灿，华夏观星第一台。

——河南　宋　涛

帝喾东巡，携来火正安黎庶；
云台高陟，观得星相谕兴亡。

——宁夏　曹　雄

谁悟天机？观星台古留遗址；
世崇阏伯，护火功高佑后昆。

——广东　刘　枫

商人始祖，率众谋生寻大道；
天象至先，纪时管火上高丘。

——河南　李景安

社火欢腾，复兴华夏宏襟展；
天文畅想，崛起商丘好梦扬。

——安徽　汪星群

筑台建屋，保火爱民封火正；
添土圆坟，崇文仰德建商丘。

——安徽　陈　峰

遥观天气，指导耕夫培稼穑；
仰拜火神，尊崇阏伯爱民心。

——湖南　邝启明

碧落观星，敬授农时符帝德；
红尘取火，相传物力耀皇台。

——江苏　关永梅

夤夜观星，知此地长沾霖雨；
高台司火，教神州永续炊烟。

——河南　孙付斗

观星辰而授农时，岁征丰稔；
司火德以资黎庶，福佑升平。

——四川　贾雪梅

四千年火德煌煌，屡兴华夏；
多少代英才继继，无愧圣贤。

——河北　郭凤林

（七）十二字楹联

祭火神、观火星，吾国天文早盛；
查民愿、顺民意，高台亘古无摧。

——广东 赵秀敏

大德应天星，尽显光辉阏伯在；
灵台兴地脉，不辞劳苦火神来。

——江苏 徐俊杰

心香参阏伯，祈日子红红火火；
血脉溯渊源，续宗人奕奕绵绵。

——湖南 李爱民

吊古火神台，七百年间遗史迹；
观星阏伯庙，三千里外识天文。

——重庆 文 伟

守职悯苍生，二百里间彰德报；
观星参历法，四千年后识前贤。

——山西 乔中兴

喜阏伯舒心，喜见山河皆锦绣；
冀帝尧牵手，莫教昆仲永参商。

——安徽 王树凡

唯父命是从，商部落因而有火；
筑神台思治，古生民得以观星。

——山西 张兴贵

（八）十三字以上楹联

为火正，察星辰，四季风云罗眼底；
定农时，兴稼穑，九州丰歉惦心头。

——福建 翁景星

钻燧火，照洪荒，万世神威同地永；
观天文，分节序，千秋圣业共天长。

——河北　张天波

火自阏伯起，燃九万里风光灿烂；
契由天地生，传五千年华夏文明。

——内蒙古　赵桂云

观星分四季，上合天道，下合人望；
偷火泽万民，西有普神，东有阏伯。

——安徽　黄　宇

天上观星，人间定节，功在农耕铭火德；
商丘立墓，阏伯名台，芳流史册见丹心。

——广东　苏　俊

官封火正，职祀辰星，始有农时分季节；
地住商丘，君为尧帝，初开夏历启先河。

——陕西　韦孟记

观天象以筑高台，守望商星为稼穑；
仰火神而朝圣地，追怀祖德献香馨。

——广西　周继勇

阏伯喜看万景怡心，终见河山皆锦绣；
帝尧欲命双星握手，不教昆仲永参商。

——安徽　王树凡

烛火司衡，农事司南，尽瘁一生孚众望；
风云在握，黎民在念，传薪万世仰商丘。

——山东　赵进轩

播文明火，观季节星，驻守圣台千里职；
益庶民生，利农牧业，承蒙神伯九重恩。

——广东　童双清

登火星台观火星，蓝天碧海，星光闪耀；
沿古宋河察古宋，绿树红花，宋地繁荣。

——河南　沈其丽

鸿基开盛世，造化承天，日耀星辉绥福祉；
襟量阔中原，风云接地，台昭火德洽文明。

——山西　李劲松

静夜何殊，记云淡风轻，高台其上观星斗；
丰功永在，喜屋明室暖，大殿之中祀火神。

——广东　卢旭逢

取火，存火，有火天地光明，人猿揖别划时代；
观星，记星，依星春秋有序，农贾腾飞兴大商。

——河南　宋　斌

观星象，定四时，畜壮农丰，神州万里家家乐；
筑神台，光八极，人潮车海，百姓千秋岁岁朝。

——河南　宋　斌

任火正，管火种，护奕奕光腾，如此丰功曾济世；
峙商丘，应商星，乃抔抔土垒，择其殷历共朝台。

——江西　张绍斌

观星斗以窥天象，报丰岁歉年，四境黎民知稼穑；
辟墓陵而有商丘，仰火神始祖，一台廊庙溢馨香。

——江苏　卜用可

稼穑四时凭护佑，于斯逐月观星，望眼常谋天上事；
炊烟万户现升平，至此传薪改火，殚心永济世间人。

——辽宁　杨晓雁

天悬商宿，地近皇陵，旧址察星空，高台兀立数千载；
德并祝融，功齐炎帝，先贤司火种，阏伯堪推第一神。

——安徽　周广征

三　商丘地区火神庙楹联

商丘地区人民群众世代崇拜"火祖""火神"，火神庙星罗棋布，经年累月虽有大量损毁，然屡有复建重修，且香火不断。其楹联寄托了商丘人民对"火祖""火神"的敬仰之情，兹录如下。

五行司火德；
八卦正离宫。

离明列八卦；
火德配五行。

火德宏炎昭日月；
神威显赫镇乾坤。

共工一怒不周圻；
重黎二人有虞平。

火德中天扶日月；
炎方一柱镇乾坤。

赫赫朱轮昭法象；
明明赤曜握灵符。

位镇南离，大焕文明之色；
明当朱夏，职司长养之功。

明足克金，永保太平景象；

德能生土，长昭丰稔年华。

左祝融、右回禄，同秉赫赫明明之德；

峙丹山、流赤水，永靖嘻嘻咄咄之灾。

第四节　传颂燧皇与阏伯的诗文

一　有关燧皇的诗文

（一）诗歌

本部分我们选择了商丘地区当代诗人、学者的诗歌。包括侯卫星创作的《火祖》《燧皇》，侯卫星是商丘虞城人，曾任商丘市委副秘书长、市旅游局局长等职；王国钦与李刚太均为河南诗词学会副会长，他们分别创作的《贺商丘诗联协会成立》《商丘杂咏》提到了商丘的燧人与阏伯的千秋功绩。

火祖

侯卫星

火祖燧人睿智长，效啄钻木火生光。

长空漫漫色添彩，大地茫茫食有香。

赤焰为刀斩虎豹，青烟化剑断风霜。

播承火种遍洲际，华夏千载世盛昌。

燧皇

侯卫星

燧皇陵寝苍劲古，万代千秋皆仰观。

华夏文明策源地，十运圣火取火点。

燧人钻木取圣火，留得光华照人间。

茹毛饮血成远古，文明之火华夏燃。

贺商丘诗联协会成立

王国钦

燧人取火苦寒藏，阏伯观星四季昌。

酒酿心中情易醉，车行天下路通商。

可怜一曲桃花扇，笑傲千秋壮悔堂。

承旧图新鸿鹄举，又闻钟吕起睢阳。

商丘杂咏

李刚太

商丘胜迹久知名，燧帝于今尚有陵。

阏伯台高传圣火，伊尹墓古秀灵松。

骑牛老子疑还在，化蝶庄生或可逢。

一自张巡为国死，睢阳百代唱大风。

（二）辞赋

我们选取了《全唐文》中收录的唐代文学家王起的辞赋作品两篇《钻燧改火赋》《取榆火赋》，以及当代人朱良昆的《火赋——商丘火文化广场漫步》一文。

钻燧改火赋

唐　王起

乾坤设兮，其仪有二。寒暑运兮，其序有四。圣人则天而顺气，故改火而钻燧。大矣其功，博哉其利。智以济物，时以作事。万人由是资生，六府以之咸遂。尔其始也，命工徒，案林麓。选槐檀之树，榆柳之木。斩而取也，期克顺于阴阳；钻而改之，序不愆于寒燠。既类夫求美玉而琢山石，又似乎采明珠而剖蚌腹。尔其钻也，势若旋风，声如骤雨。星彩晨出，萤光夜聚。赫戏郁攸，翃炽振怒。青烟生而阳气作，丹焰发而炎精吐。影旁射而曜威，气上腾而作苦。冠五行以斯用，审四时而是取。司方守赤，以备乎南北东西；利物济人，用配乎金木水土。则知火之为德，候而为期；火之为用，无以尚兹。辉赫赫而不灭，性烈烈而自驰。其猛也，物则望而畏矣；其炎也，人则寒而附之。岂不以阳气所禀，厚生所资。用于燧人之氏，职于火正之司。及乎日月其逝，春秋相推。取舍有常，必假于人力；新旧迭用，无乖于天时。惟火之用，其则有顺。其初也，钻一木而挺英；其大也，烧万物而为烬。岂止夫田单克燕，孟明伐晋。或焚舟而济河，或爇牛而破阵而已哉？今我国家七德聿修，九牧入贡。若以之铄金为鼎，可以备物致用；若以之铸金为器，可以安人和众。然则钻燧之始，既已如彼；利用之美，又亦如是。济乎今古，达乎遐迩。猗欤！火之不可阙也如此。

取榆火赋

唐　王起

国家布和令，稽旧章。候葭灰之所应，取榆火之有常。钻之弥坚，初若切磋之响；动而愈出，俄生炜煜之光。火则循利，人惟向方。

岂徒宣明于四海，固将贻范于百王。时也迟迟日升，习习风至。太蔟中律，勾芒整辔。择木之宜，顺天之利。历历初种，常散荚而如钱;煌煌是求，必钻木而成燧。曲直有伦，寻尺为珍。启炎上之气，当发生之辰。佐暄妍于献岁，助煦妪于阳春。比皇明之烛幽，既自迩而及远。叶时令而委照，爰舍旧而谋新。始青林兮见采，终洪炉兮有待。郁攸之气方腾，枯槁之容不改。其执热也，殊金燧之感;其攻坚也，非水石之钻。佩之或杂于刀砺，用之以代其槐檀。运手而绿烟乍起，属目而朱焰可观。余烬收之而有耀，死灰然之而孰难。束缊是繁，抱焦众夥。何镕铸而不赖，何燔炙而不可。红星忽迸，不异乎种天之星;朱火既飞，讵同夫敲石之火。则知调其玉烛，取彼白榆。诚国之美利，亦君之远图。始韬光而无朕，卒既燥而有孚。所以微成于著，有生于无。岂徒严凝之乡，树于北塞;晼晚之景，失于东隅。宜乎大化不爽，余光必共。莫不爱一人之火化，为百姓之日用。

火赋——商丘火文化广场漫步

朱昆良

盘古开天,混沌初开,暗色苍茫,笼罩雾霾。夜难明兮人类悲哀,盼光明兮谁送火来。

电闪雷鸣,霞光万道,腾腾火龙,瑞气千条。电击枯木引发大火,烧死动物成美味佳肴。转瞬之间火息,黑暗笼罩无期。虎豹猖獗伤人,齐向野兽进击。石块投之碰撞,产生火花燃起。又见光明兮欢呼雀跃,保存火种兮欲望长期。大雨降兮火灭,怨天尤人兮丧气。燧人狩猎兮中原,看鸟啄木兮奇观。树生火花兮神奇,折枝摩擦兮生烟。燧石钻木兮火起,运用自如兮大欢。烤肉香,烧食烂,驱赶野兽,保护家园。三皇五帝,重视火源,高辛氏帝喾,设火正专管。

阏伯火神，专职管火，观察天象变化，记录星辰升落。制定节气，指导农作，发展生产，种管收获。物质文明大振，精神文明飞跃。燧人圣火希腊圣火延续奥运圣火，战争火药民用火药发展登天火药。卫星上天探测宇宙变化，飞船登月寻找美好生活。火为动力从不间断，火促文明永远向前。

二　有关阏伯的诗文

阏伯归葬之处有阏伯台，历史上曾被文人学士称为"商丘"，也是商丘地方的文化圣地，是文人高士必游之所，他们有感而发，留下许多脍炙人口的诗文，既描写了阏伯台的人事景物，也抒发了对火神阏伯的崇敬，是商丘火文化的珍贵历史资料。

（一）诗歌

古代部分我们选取了唐至清代 18 位诗人的 22 首诗歌。他们有的是商丘人，有的在商丘为官，有的则是途经商丘，诗歌内容，或抒发羁旅之思，或抚今追昔，感叹时事。

1. 唐代高适（704—765）的《宋中十首·其九》约作于开元十年（722）至十五年（727）客于梁宋时期。作者自长安归梁宋后，心中甚为寂寞，托身畎亩，浪迹渔樵，漫游梁宋古迹，怀古伤今。

> 阏伯去已久，高丘临道傍。
>
> 人皆有兄弟，尔独为参商。
>
> 终古犹如此，而人安可量。

高适客居梁宋后期，赋诗《宋中别司功叔各赋一物得商丘》。送别之感伤与诗人潦倒的郁闷，在秋景、废墟的映衬下，愈加浓烈。

> 商丘试一望，隐隐带秋天。
>
> 地与星辰在，城将大路迁。
>
> 干戈悲昔事，墟落对穷年。
>
> 即此伤离绪，凄凄赋酒筵。

2. 唐代储光羲（约 706—约 760）曾作《登商丘》。此诗为登临怀古之作，诗人途径梁苑旧地，登临阏伯台，思慕前贤，悼古伤今。

> 河水日夜流，客心多殷忧。
> 维梢历宋国，结缆登商丘。
> 汉皇封子弟，周室命诸侯。
> 摇摇世祀远，伤古复兼秋。
> 鸣鸿念极浦，征旅慕前俦。
> 太息梁王苑，时非枚马游。

3. 南宋魏了翁（1178—1237）的《夏至日祀阏伯于开元宫前三日省中斋宿三首》，魏了翁夏至日朝拜阏伯，于开元宫写就。

其一

> 书生只惯野人庐，谁识潭潭省府居。
> 独坐黄昏谁是伴，紫微阁上四厨书。

其二

> 朱荣铅砌拱都堂，静阁明窗夹主廊。
> 外省诸司西侧畔，枢寮却在外东厢。

其三

> 朝罢归来政事堂，衣冠切宇鹜成行。
> 须臾排马还私第，一片闲庭锁夕阳。

4. 明朝曹珽有《过睢阳》一首。诗人在睢阳见荒台古墓于萧瑟秋风中静默，抒发了盛衰无常的凄怆之感。

> 亳上商丘绕故宫，荒台古墓冷秋风。
> 火星有庙应分野，金果无园发旧丛。
> 代父尚看传孝烈，死固犹复许孤忠。
> 悠悠往事空留迹，尽在行人感慨中。

5. 明朝吴国伦（1524—1593），有诗作《至归德时以给谏左迁·其三》。吴国伦为明中期著名文学家，与李攀龙、王世贞等七人并称"后七子"。

> 卧阁身犹赘，郊行思独繁。
>
> 古台阏伯墓，修竹孝王园。
>
> 潦至川陵合，城空燕雀喧。
>
> 何方堪治郡，饮啄是君恩。

6. 明朝李嵩(1508—1570)有《阏伯台》一诗。李嵩，归德（今河南商丘）人，与蜀中杨慎、吴门王世贞、江右吴国伦交友。诗歌抒发了一种兴衰之感。

> 莽莽孤城外，天高郁此台。
>
> 炎辉犹照耀，帝子已蒿莱。
>
> 鸟雀春呼乱，牛羊夕下来。
>
> 凄凉残碣在，读罢一兴哀。

7. 明朝侯恪（1592—1634），商丘人，明末清初文学家侯方域的叔叔。作有《秋日同叶茂先诸客登阏伯台》《九日登阏伯台仍用前岁韵》。此诗借登高远眺所见孤清、深寂之秋景，抒写了内心的悲凉，诗作情景交融，浑然一体。

秋日同叶茂先诸客登阏伯台

> 阏伯台高远瞰城，霞天万树倚孤清。
>
> 我来正值鸿初到，风至不堪叶乍横。
>
> 蒐苑烟深村巷寂，武陵花尽野溪晴。
>
> 登临剩有筇枝健，五岳何须愧向平。

九日登阏伯台仍用前岁韵

> 喜无风雨到重阳，别恨秋残不尽觞。
>
> 昔岁故人多落魄，一时征雁各分行。

高台日暮园林碧，野圃霜寒送菊香。

最是茱萸看不得，支离未许病相妨。

8. 清朝毛奇龄（1623—1716）有诗作《雪中别二友》。写作者暮色时分，冒着纷扬大雪与两位友人分别。作者善于创设独特环境，以景衬情，抒发了送别友人时的感伤之情，以"暮""愁""残"等字建构情景，触动读者情思，引发强烈共鸣。

梁园客散暮云低，阏伯祠前重解携。

愁见马蹄残雪上，两行东去一行西。

9. 清朝唐仲冕（1753—1827）作有《商丘怀古》。诗人于"柳如丝"时节，在商丘见名胜风物，想起魏国曹操、南北朝花木兰、唐末名将南霁云、宋朝石曼卿等著名人物，运用典故，发思古之幽情。

亳社遗封问旧基，武津关外柳如丝。

奸雄腹痛桥公墓，耆老心伤阏伯祠。

不信木兰为女子，定知南八是男儿。

曼卿莫上防边策，且把豪情付酒旗。

10. 清朝侯方岳（1613—1669），字仲衡，河南商丘人，侯恪次子，侯方域从兄弟。《九日登阏伯台》一诗，亦为秋日登临怀古诗，描绘了归德城的萧条，慨想古之繁华，令诗人不胜今夕之感，唯有登高畅饮，一醉方休才能释怀。

黄花开处九秋归，故里萧条旧事非。

那更山风吹落帽，好将樽酒送斜晖。

天边老树连云断，眼底流霞逐雁飞。

醉去登高重回首，荒城返照下渔矶。

11. 清朝徐作肃（1616—1684），字恭士，商丘人。富有文学才华，不慕名利，与侯方域等发起雪苑社，诗文酬唱。《人日同友人游阏伯台因过草寺归留小饮》描写了初春时节令人"绝怜"的美景和友人对饮的乐趣。

> 今岁今时春早回，绝怜晴日净纤埃。
>
> 遥青欲起梁王苑，古寺争驰阏伯台。
>
> 茗碗空郊开土灶，梅花小榻故人杯。
>
> 还看淑气深相引，次第群芳杖底催。

12. 清朝刘德昌，康熙三十八年（1699）任商丘县知县，曾主持重修《商丘县志》。作《阏伯台》五言诗，赞颂了阏伯观察大火星、指导农业生产的丰功伟业。

> 崇台凌百尺，禋祀历千秋。
>
> 帝子炎辉远，高辛世泽优。
>
> 丰碑云际立，遥郭望中收。
>
> 旧是龙兴地，坤灵钟此丘。

13. 清朝陈维崧（1625—1682），字其年，号迦陵，东林党魁陈于廷之孙，复社领袖陈贞慧长子，江南宜兴（今属江苏）人。早年以能诗善赋，被誉为"江东一凤"。入清后，长期不仕，游食四方。康熙七年（1668）应聘至河南学政史逸裘幕阅卷，遂寓居河南（常往来于商丘）五年多，写下歌咏商丘风情的诗、词、文百余篇。陈维崧在商丘常与侯方岳、侯方岩及弟宗石聚会游览，赏花赋诗，此诗便是诗人游历阏伯台后所作，作于康熙八年春。良友雅集，兄弟聚首，繁花似锦，虽然使诗人兴致颇高，但诗作更多地是一种现实关怀，由阏伯埋没于此进而联系眼前，惋惜侯氏兄弟被埋没的才情志向。

> 轻飙净纤埃，绿芜没芒屦。
>
> 渐渐泉眼决，交交雉媒乳。
>
> 我行出郭游，散屣惬所遇。
>
> 遥心会鸣禽，霁目契芳树。
>
> 迤衍历陂陀，陉岘莽回互。
>
> 峻嶒靓层阜，人云阏伯墓。
>
> 缨峦荡游氛，带壑敛宿雾。

　　　　　嗟此高辛裔，明禋启麻祚。

　　　　　奈何与实沉，同气相抵捂。

　　　　　悯此田中萁，哀哉一尺布。

　　　　　太息不能言，藤花落如雨。

　　14.清朝刘榛（1635—1690），字山蔚，号董园，商丘人。诸生。与田兰芳、郑廉并称"归德三茂才"。有诗作《登阏伯台》（《虚直堂文集》卷十八）。

　　　　　望古生幽兴，登高意未降。

　　　　　乱云埋小槛，疏树点晴窗。

　　　　　地敞盘蛇径，天空插绣幢。

　　　　　有陵皆变谷，独此压鸿厖。

　　15.清朝宋华金（1687—1749），商丘人。诗作《阏伯台》是对民间祭祀曲的拟作，带有商丘一带浓厚的民间文化气息，在商丘古代诗歌中是十分少见的，具有一定的民俗文化价值。

　　　　　望高台兮峥嵘，当始和兮正月。

　　　　　走巫觋兮纷纭，吹箫管兮阗咽。

　　　　　推火正之宜崇兮，应享祀而勿阙。

　　　　　嗟彼氓之蚩蚩兮，徒心畏夫猛烈。

　　16.清朝张云章（1648—1726），学者，嘉定六君子之一。有诗作《阏伯台》（《朴村诗集》卷八）。

　　　　　城西百丈起风埃，旗鼓喧喧逐队来。

　　　　　远自尧年灵爽在，纸钱灰里一登台。

　　俗传正月七日为阏伯生辰，争持纸钱焚之。火神阏伯，荫佑黎民，商丘一带，欣享福祉，百代不衰。商丘一带于年初一开始朝台，至初七仍人流涌动，热闹非常。朝台人摇旗擂鼓，一队队摩肩接踵，荡起百丈风埃。诗中描绘了一幅纸灰翻飞、香烟袅袅的热闹景象，再现了当时的民俗风情，令人击节称赏。

17. 清朝查岐昌，诗人查慎行之孙，浙江海宁人。

火正阏伯赞

房心分野位离东，锡爵宣明配祝融。

一代兴王推五运，九章上服视三公。

荒坛尚识朱书古，废殿谁论赤帝崇。

小县名从主祀在，千年火正纪神功。

这首诗选自乾隆《归德府志》。此诗赞扬阏伯为人类做出的贡献以及人们对他的敬仰和纪念。

18. 清朝叶增高，商丘睢阳人。兵部侍郎叶廷桂之孙。康熙十一年（1672）举人。《八日登阏伯台》描述作者与友人同游阏伯台所见商丘古城及阏伯台庙会的景致。

一天晴色暖人日，趁伴争驱阏伯台。

柳外香浮分短袖，村边帘漾卖新醅。

雪融马渡溪桥软，风静幢迎佛号回。

极目郊原怀古意，儿童笑指幸山隈。

现当代部分，选取了商丘市当代文化名人的诗作共八首。商丘市诗词文学爱好者众多，他们有的是政府干部，有的是学校教师，他们深受当地文化熏染，业余时间，笔耕不辍，创作了不少优秀的火文化之作。其中诸如侯卫星、沈其丽、刘立民等为中华诗词学会会员；张九德、戴辉龙、张伟业等为商丘民权葵丘诗社、商丘百川诗社、商丘南湖诗社的成员。

阏伯台抒怀

侯卫星

火神庙里祭火神，观天台上仰观天。

见证华夏文明史，阅览商丘五千年。

阏伯

张九德

帝喾有子曰阏伯，玄鸟坠卵而得生。
筑台主祀火商星，商丘缘此而得名。
登台观星循规律，安排农事保收成。
天文始祖举世颂，后人尊为火神灵。
正月初七是生日，集会半月日兴隆。

火星台（新声韵）

沈其丽

阏伯封商祀火星，观星台上度一生。
仰头放眼专而注，以火纪时准而精。
火正操劳心力尽，先民耕种稻粱丰。
感激功大诚修庙，岁岁朝台祷太平。

游商丘火神台庙会

张伟业

旌幡摇动弥天彩，香火升腾漫宇埃。
景象壮观弥紫气，氛围热烈醉仙才。
书法曲艺扬神韵，杂技绝活竞擂台。
商贾云集诸业旺，八方信客慕名来。

阏伯台

戴辉龙

十里遥相望，巍巍观象台。

人神司正火，钟鼓沐尘埃。

社稷饥寒除，江山混沌开。

登高凌绝顶，一览尽黄淮。

阏伯台

刘立民

阏伯高台似炬擎，祀光普照颂升平。

百年奥运来临日，燧火并同圣火明。

商丘阏伯台

赵永军

观星授时阏伯台，风雨不摧五千载。

帝子今又逢盛世，禅门大殿焕异彩。

（二）乐章

宋朝以火纪德，改宋州为应天府，阏伯庙曰光德，加封阏伯为商丘宣明王，对阏伯可谓推崇备至。清康熙四十四年修《商丘县志》记载了三篇宋代祭祀宣明王阏伯的乐章。

高宗祀大火商丘宣明王位乐章

荧惑在天，惟火与合。繄神主火，纯一不杂。作配荧惑，祀功则然。不腆之币，于以告虔。

谁其祀神，知神嗜好。式崇祀火，为神所劳。眷言配食，既与火俱。于乐旨酒，承神嘉虞。

出火祀大辰宣明王位乐章

二七储神，与天地并。孰俪厥德，聿惟南正。功楙陶唐，泽流亿姓。作配严禋，赘列惟称。

周设司爟，虽列夏官。仍袭孔易，阊端实难。相彼商丘，永怀初造。不腆桂椒，匪以为报。

纳火祀大辰宣明王位乐章

恭惟火正，自陶唐氏。邑于商丘，配食火祀。有功在民，有德在位。敢替典常？惟恭奉币。

广大建祀，式崇其配。馨香在兹，清酒既载。穆穆有烨，洋洋如在。聿怀嘉庆，緊神之赉。

第五章　火食与火疗

火改变了人类的饮食方式，也改变了人的体质、生活方式。与独自觅食生食不同，用火加工食物需要人与人之间的密切合作。火的使用还逐渐运用于养生和医疗，让人们更健康、更长寿。

第一节　火食与饮食文化

恩格斯曾说："熟食是人类发展的前提。"熟食改变了食物性状，有利于人体消化吸收；加热食物能够杀菌消毒，有利于保障人体健康；能够消除腥膻苦涩坚硬的口感，扩大了食物的来源。熟食，增强了人们的体魄，促进了人的生理变化，化育了人的身心，确立了人为万物之灵的地位，是动物进化到人的一个重要标志和文明进步尺度。

在千百年的饮食实践中，人们不断改进烹调工具和方法，不仅制作出有益于健康的美食，还形成了集技艺、礼仪、制度、习俗、意识、情感于一体的以火为根基的独特文化——饮食文化。

中华饮食文化发展经历了萌芽、形成、发展的漫长过程，在新中国成立后尤其是改革开放的新时期进入到鼎盛阶段。

一　中华饮食文化的萌芽与形成

在随机使用自然野火的阶段，古人使用火烧烤食物可能是不自觉的；在主动保存火种的阶段，古人使用火烤熟食物已经逐渐积累了经验；进入自由用火阶段之后，加工食物才成为常态，烹饪条件具备，技术不断积累，饮食文化萌芽。

在制作食物的过程中，古人发明了陶器。最早的陶器主要是炊具和食具，釜、鼎、鬲、甑，就是较早出现的炊具。《绎史》引《古史考》载"黄帝作釜甑"，"黄帝始蒸谷为饭，烹谷为粥"。这些陶器炊具的发明，使烹饪由烧烤法发展到烹煮法、汽蒸法，由生食到熟食，由冷食到热食，中华烹饪文化由此萌芽发展。

商周至秦代是中华饮食文化的形成时期。商周时期，烹调技术有了快速发展。据说商朝的伊尹就是从烹饪大师成长起来的宰相，他"以味说汤"，向汤王讲解烹饪的道理，以烹小鲜喻治大国。伊尹被公认为中华烹饪鼻祖。

《墨子·尚贤》载："汤举伊尹于庖厨之中，授之政，其谋得……伊挚，有莘氏女之私臣，亲为庖人，汤得之，举以为己相，与接天下之政，治天下之民。"

《吕氏春秋·孝行览》伊尹谓商汤："凡味之本，水最为始。五味三材，九沸九变，火为之纪。时疾时徐，灭腥去臊除膻，必以其胜，无失其理。调和之事，必以甘酸苦辛咸。先后多少，其齐甚微，皆有自起，鼎中之变，精妙微纤，口弗能言，志不能喻。若射御之微，阴阳之化，四时之数。故久而不弊，熟而不烂，甘而不哝，酸而不酷，咸而不减，辛而不烈，淡而不薄，肥而不腺。"这段话的大意是：味道的根本，水占第一位。依酸甜苦辣咸这五味和水木火这三材来施行烹调。有时用武火，有时用文火，清除腥、臊、膻味，关键在掌握火候。调味必用甜酸苦辛咸这五味，但放调料的先后和用料多少，它们的组合是很微妙的。鼎中的变化，也是精妙而细微，无法形容，就是心里有数也难以说得清楚。

墨子是墨家学派创始人，出身低贱，做过木工，最为关心百姓"饥者不得食，寒者不得衣，劳者不得息"的社会问题，重于经世务实，提出"兼爱""非攻"主张，对于饮食，他的主张是"节用"。《墨子·节用中》云：

> 古者圣王制为饮食之法曰：足以充虚继气，强股肱，使耳目聪明，则止。不极五味之调，芬芳之和，不致远国珍怪异物。何以知其然？古者尧治天下，南抚交阯，北降幽都，东西至日所出入，莫不宾服。逮至其厚爱，黍稷不二，羹胾不重，饭于土塯，啜于土形，斗以酌。仰俯周旋威仪之礼，圣王弗为。

墨子认为，古代圣明的君主制定饮食法则，认为能够充实肠胃，增补血气，强健四肢，以助耳聪目明，就可以了。不追求五味调和、气味芬芳，不要求远方国家的珍奇异品。怎么知道是这样的呢？古代尧治理天下，南面安抚交阯，北面降服燕都，天下没有不臣服的。但说到他最大的享受，黍或者稷两种不同时吃，肉汤或者肉块只吃一样，用瓦器盛饭，用瓦盆盛汤，用木勺喝酒。那些俯仰进退揖让的繁复礼仪，圣明的君王是不做的。墨子批评了当时贵族的饮食奢侈行为，提倡节俭、实用，反对追求珍奇异品等骄奢淫逸的做法。他这些主张对于中华饮食文化的健康发展有着积极意义。

二 中华饮食文化的发展繁荣

汉朝以后中华饮食文化快速发展。炒菜的流行，彰显了中国菜肴的独特风味，能把多种食材搭配成各种组合菜品，而且加工时间短，菜品的营养成分流失少，是中国老百姓最常用的烹饪方式之一。

在盛唐时期，烹调的菜肴色、香、味、形已完全具备。两宋以后，烹饪饮食更加精美多样，中餐烹调技术进入比较成熟的阶段。

中华民族的烹饪技术到明清两代进入繁荣时期，在集中全国各地各民族烹调技艺的精华基础上，形成了中华民族特色的烹饪技术文化体系。清代初期时，鲁菜、淮扬菜、粤菜、川菜，成为当时最有影响的地方菜，被称作"四大菜系"。清末时，浙菜、闽菜、湘菜、徽菜四大新地方菜系分化形成，共同构成中国汉族饮食的"八大菜系"。各个菜系在选料、切配、烹饪等方面各具特色，经长期演变而自成体系，有着鲜明的地方风味特色。当然，"八大菜系"之外还有如京菜、豫菜、东北菜、冀菜、鄂菜、客家菜、赣菜、清真菜等，也在中国较有影响。

三　中华饮食文化的鼎盛

在当代中国，特别是在改革开放之后，广大人民群众温饱无虞，物质财富极大丰富，制作生产销售美食的企业、饭店生意兴隆。中餐不仅满足了本国人民的饮食需要，还走出国门，深受异国人士喜爱。

中华饮食文化在饮食过程中就饮食品质、审美体验、情感活动、社会功能等方面表现出丰富的精神文化意蕴，可以概括为：精、美、情、礼，它也是中华优秀传统文化的组成部分。

"精"，是对中华饮食文化的内在品质的概括。孔子曰："食不厌精，脍不厌细。"这反映了先民饮食的精品意识。这种精品意识作为一种追求，越来越广泛、越来越深入地渗透、贯彻到整个饮食活动过程之中，选料、烹调、搭配乃至饮食环境，都体现着对于"精"的追求。

"美"，体现了饮食文化的审美特征。这种美，是指中国饮食形式与内容的完美统一，是指它为人们带来的审美愉悦和精神享受。《左传·昭公二十年》晏子借烹调与齐侯论和、同之异："和如羹焉。水火醯醢盐梅，以烹鱼肉，燀之以薪，宰夫和之，齐之以味，济其不及，以泄其过。君子食之，以平其心。"指出了中华烹调"和"之美的最佳体验。

"情"，是对中华饮食文化社会心理功能的概括。吃吃喝喝，不仅是充饥止渴，也是人与人之间分享劳动成果的仪式，情感交流的媒介，别开生面的社交活动。中国人习惯在饭桌上表达感情，这是饮食的社会心理调节功能。中华饮食具有"抒情"功能，是"饮德食和、万邦同乐"思想的民俗实践行为。

"礼"，是指饮食的礼仪性。《礼记·礼运》中说："夫礼之初，始诸饮食。"礼是饮食活动的秩序和规范，就餐座席的位置，箸匙的排列，上菜的次序，都体现着"礼"，体现着中华民族的道德伦理精神。

精、美、情、礼，分别从不同的角度概括了中华饮食文化的基本内涵。"精"与"美"侧重于饮食的品质和形象，而"情"与"礼"，则侧重于饮食的心态、习俗和社会功能。唯其"精"，才能有完整的"美"；唯其"美"才能激发"情"；唯有"情"，才能有合乎时代风尚的"礼"。四者环环相扣，完美统一，形成中华饮食文化的最高境界。

四　商丘饮食文化特色

司马迁在《史记·货殖列传》中对昔日商丘一带衣食民俗有过评价：

> 周书曰：农不出则乏其食，工不出则乏其事，商不出则三宝绝，虞不出则财匮少。财匮少而山泽不辟矣。此四者，民所衣食之原也……夫自鸿沟以东，芒、砀以北，属巨野，此梁、宋也。陶、睢阳亦一都会也。昔尧作于成阳，舜渔于雷泽，汤止于亳。其俗犹有先王遗风，重厚多君子，好稼穑，虽无山川之饶，能恶衣食，致其蓄藏。

此段话内涵丰富，"好稼穑"，"能恶衣食，致其蓄藏"的介绍，反映了古代商丘人饮食节俭的特点，这也是墨子的"节用"思想倡导的。

商丘地区的烹饪技艺属于豫菜系列。豫菜、商丘菜品，食材以本地种植养殖产品为主，调味中和，养生为宗，节俭而大气。

商丘民间美食众多，着重用火技艺，现以列入商丘市非物质文化遗产名录中能体现商丘地方烹饪特色的小吃为例，略举两例：

用慢火烘烤制成的魏庄焦饼，饼薄焦黄，内有芝麻、鸡内金，口感香酥，能起到健胃化食的作用。焦饼烘烤传统是以锯末为燃料，用土炉进行烘烤，烘烤过程、温度和时间有讲究，需要经过长期练习，才能熟练掌握。

郭村镇郭村烧鸡是商丘一带的传统名吃，明末清初即负盛名，距今已有300多年的历史，制作奥秘也在一个耐心用火上。烧鸡上糖色的原料由天然蜂蜜加祖传秘料精心熬制，上色后挂起晾干。用纯天然优质大豆油烹炸，油温控制在170℃—180℃之间，炸至鸡皮松脆，枣红色为好。将鸡逐层排放入锅中，上面用竹箅压住，用祖传配方香料熬煮，先用旺火烧开，再改为文火烧煮四小时，锅内汤液能徐徐起泡即可。停火后放入小磨芝麻油进行封锅处理两小时左右，使香气入骨。郭村烧鸡色泽红亮，造型美观，香气扑鼻，肉烂脱骨，趁热提起鸡腿轻抖，鸡肉可全部脱落，被誉为菜中上品。

第二节　火与医疗

一　药膳疗法

人们很早就认识到用火制作熟食能养生防病的道理。药膳是以药材与食材为原料，针对病患特点和特殊需要，经过烹饪加工制作的具有医疗作用的膳食。它是中国传统医药医疗知识与用火烹饪经验的巧妙结合的产物，药借食力，食助药威，既有营养价值，又有防病治病、保健强身、延年益寿的功效。

中国药膳起源久远。《周礼》记有"食医"，食医主要掌管"六食""六饮""六膳""百羞""百酱""八珍"的调和与分量。从食医所从事的工作来看，与现代营养医生类似。《周礼》还记有疾医、疡医等，疾医主张用"五味、五谷、五药养其病"，疡医则主张"以酸养骨，以辛养筋，以咸养脉，以苦养气，以甘养肉，以滑养窍"。这些主张已是比较成熟的食疗原则。这些记载表明，我国在西周时期就有了丰富的药膳知识，并出现了从事药膳制作和应用的专职人员。

药膳能融药物与美食于一体，大致离不开炖、焖、煨、熬、蒸、煮、卤、炒、烧等传统烹调方法。在制作药膳过程中，特别需要注意对火候的把握，用小火慢制，才能提出药物精华。譬如："炖"，先用武火烧沸，再用文火慢慢烧至酥烂；"焖"，先行炒制，再盖锅，用文火焖熟；"煨"，小火慢热煨熟；"熬"，先用武火烧沸，再用文火慢慢熬至汁稠味浓；"蒸"，食药调拌好后放碗中，置于蒸笼用热气蒸熟等等。

二　火酒、火灸、膏药疗法

我国最早的医学典籍《黄帝内经》中多处提到了火疗的使用原理。

《黄帝内经·素问·异法方宜论篇》："北方者，土地所闭藏之域也，其地高陵居，风寒冰冽，其民乐野处而乳食。脏寒生满病，其治宜灸焫，故灸焫者，亦从北方来。"

《黄帝内经·素问·玉机真藏论篇》曰："是故风者百病之长也，今风寒客于人，使人毫毛毕直，皮肤闭而为热，当是之时，可汗而发也；或痹不仁肿痛，当是之时，可汤熨而火灸刺而去之……弗治，肝传之脾，病名曰脾风，发瘅，腹中热，烦心出黄，当此之时，可按可药可浴……弗治，肾传之心，筋脉相引而急，病名曰瘛，当此之时，可灸可药……"

《黄帝内经·素问·调经论篇》称："病在骨，调之骨。燔针劫刺其下及与急者。病在骨，焠针药熨。"

火疗是中医一种温热的外治法，理论上具有温中散寒、疏经通络的作用。对于外邪入侵，如外感风寒、经络阻痹等，具有一定的疗效。火疗在我国有悠久的历史，长沙马王堆汉墓出土的帛书《足臂十一脉灸经》《阴阳十一脉灸经》等即是西汉初期人们对火疗方法的经验总结。商丘地区深厚的文化积淀孕育了"王氏打火酒""雷火神针脐灸""付氏膏药"等一批以火治病的独特疗法。

酒发明和普及后，人们发现通过喝酒或擦酒似乎也可以养生保健，有"酒为百药之长"之说。随着时间的推移，有人发现将酒点燃后在身体上拍打、擦拭所产生的疗效要远大于单独的"火疗"或"酒疗"，于是将火疗与酒疗结合在一起的"火酒疗法"便产生了。"王氏打火酒"的传承人是商丘人王瑞祥。王瑞祥丰富了治疗理论，并与中药疗法相结合，根据不同病症配以适当的药酒方子，集火疗、酒疗、中药和技师手法于一体，进一步提高了治疗效果。

"王氏打火酒"的独门秘籍，主要在配药和手法。将经过调制的高度白酒点燃，用手掌蘸火酒，在人体特定的经络穴位部位反复施以拍、打、捏、揉等手法，酒火在肌肤如"浮云在飘、火球在跳"，火挟酒势，酒借火力，快速透皮入里，作用于人体病灶，起到通经络、活气血，温经散寒、通淤开滞、消肿止痛、平衡阴阳的效果。表面看来操作简便，实际需要多年的经验积累，方能配伍准确，技术精湛，药到病除。

"艾卷灸法"较早记载于明初朱权的《寿域神方》。明代《神农皇帝真传针灸图》一书，首次提到了掺入药品的艾条灸疗，称为火雷针、雷火针、雷火神针。艾条灸操作方便，可随时调节热力，病人痛苦小，很快得到推广，常用于风寒湿痹、寒性腹痛等症。

在商丘虞城县及周边地区流传的"雷火神针脐灸疗法"，与创始于明代的雷火神针相比已有所变化，其主要机理是在神阙穴（肚脐）给药达到治疗疾病的目的。把萃取提纯的中草药有效成分浸在特殊的纸张上，卷成普通手电筒粗细状，一端稳固在肚脐部位的底座上，另一端点燃。燃烧时废气上升外排，持续燃烧后，肚脐部位就会沉积一层药物。药物成分通过皮肤毛孔得到充分的吸收，从而达到调理气血、疏通经络、平衡阴阳、祛除疾病的效果。

商丘睢阳杨氏的艾药烟熏，据说有助于治疗面部神经麻痹。取自然风干的芦苇一节，去除两头，留其中间，剪一鸭嘴状的斜口，将中药全虫、僵蚕打成粉末，掺在艾绒中置之于斜口处，再将芦苇的另一端插入患者耳孔。然后点燃药艾绒，使其燃烧，燃烧后的青烟，通过芦苇进入患者耳内，达到祛风活血的治疗效果。同时辅以五透针法针刺患者穴位，针灸并用，提高了疗效。

膏药疗法是把中药材用火加热熬制成膏药、膏剂等，贴敷于人体外表一定部位或穴位以达到治疗疾病的一种疗法。祖国医学用膏药治疗疾病有悠久的历史。唐代膏药已发明和使用；至宋代，膏药的使用已有所分类。膏药疗法在商丘民间和一般医院都被广泛采用。

2014年被列入商丘市第四批非物质文化遗产名录的商丘睢阳勒马付氏膏药，起源于清代道光年间，主要有治疗颈、肩、腰、腿疼痛的黑膏药，治疗流行性腮腺炎的绿膏药等系列，采用纯中药根据祖传秘方和工艺精心提炼配制而成，活血化瘀，消肿止痛，能治疗四肢麻木、肌肉酸疼、颈椎腰痛、神经疼痛等疑难杂症。

第六章　火行天下

第一节　中国先贤对火的认识

中国古人对火的认识有一个从感性到理性的过程，比较有代表性的理论是五行学说，五行学说认为"水、火、木、金、土"是自然界最基本的五种物质运行状态，它们之间有相生相克的复杂关系，其变化运行形成了自然万物。其后五行的特性及其相生相克的学说，被广泛运用于解释社会的发展、政权更迭，个人气质以及治国修身等方面。

一　箕子最早提出了五行说

箕子与微子、比干，在殷商末年齐名，被孔子称为"殷之三仁"。《史记·宋微子世家》中记载了箕子与武王讲述的五行与鸿范九等：

> 武王既克殷，访问箕子。武王曰："於乎！维天阴定下民，相和其居，我不知其常伦所序。"箕子对曰："在昔鲧堙鸿水，汩陈其五行，帝乃震怒，不从鸿范九等，常伦所斁。 鲧则殛死，禹乃嗣兴。天乃锡禹鸿范九等，常伦所序。初一曰五行；二曰五事；三曰八政；四曰五纪；五曰皇极；六曰三德；七曰稽疑；八曰庶征；九曰向用五福，畏用六极。五行：一曰水，二曰火，三曰木，四曰金，五曰土。水曰润下，火曰炎上，木曰曲直，金曰从革，土曰稼穑。润下作咸，

炎上作苦，曲直作酸，从革作辛，稼穑作甘……"

这段话的大意是，武王灭商，便去访问箕子。武王说：唉！上天默默地安定百姓，使他们安居乐业，我却不知道上天定民的常理次序。箕子回答说：早先鲧堵塞大水，扰乱了上天五行的规律，上帝就怒气冲冲，天道大法九种常理因此败坏。鲧被杀死，禹就接续而兴起。上天赐给禹天道大法九种，第一叫五行，二叫五事，三叫八政，四叫五纪，五叫皇极，六叫三德，七叫稽疑，八叫庶征，九叫向用五福。所谓五行：一是水，二是火，三是木，四是金，五是土。水的自然常性是滋润万物而行下，火的常性是炎热旺盛而上升，木可弯曲变直，金可销熔变形，土可耕种收获。

箕子提出自然界有五种基本物质形态在不断运行，一曰水，二曰火，三曰木，四曰金，五曰土，分析了五种物质形态的作用与特征，并把它们与五种味道相联系。

二　墨子阐述了五行相克相生的关系

墨子在箕子五行说基础上分析了水、土、火、金、木之间的关系。

《墨子·经说下》云："五合，水、土、火。火离然。火铄金，火多也。金靡炭，金多也。合之府水，木离木（土）。"

墨子说：大自然中五行相合的有水、土、火、金、木，火附丽于木而燃烧，火可以熔铄金属成水，这就是火的能力大，可以克金。金属器物可以砍斫树木礤研木炭，这就是金的能力大，可以克木。金与火相合，就会熔化为水态。木必须附丽于土才能生长。此中水、土、火、金、木五行相生相克的内容虽然没有说完整，但是已经把五行之间的关系理出了基本思路，墨子可以说是中国古代五行学说的先行者之一，形成了对火与自然界中水、土、金、木基本物质形态关系的理性思考与概括。

三 邹衍提出"五行五德终始说"

邹衍，战国末期齐国人，稷下学宫著名学者，阴阳家代表人物。邹衍认为，天地有五行，人类社会的历史变化同自然界一样，也是受土、木、金、火、水支配，历史上每一王朝的出现都体现了一种必然性。从天地初开以来的人类社会都是按照五德（即五行之德）转移的次序进行循环的。五德转移是仿照自然界的五行相克即土克水、木克土、金克木、火克金、水克火的规律运行。邹衍深化了五行关系的认识，但他把五行与政权交替相附会，显然是不科学的。他的学说后来为秦、汉王朝附会其政权合乎天理所采用。汉朝中期，到王莽建立新朝，则有刘向刘歆父子用五行相生的说法来解释五德终始。

四 潘尼对火性与功用的认识

潘尼，河南中牟人，西晋文学家，文学家潘岳（即潘安）之侄。潘尼曾作《火赋》一文。认为火能甄陶品物，有造化之制；济育群生，有天地之惠，功用关乎古今，勋绩著乎百姓。

> 览天人之至周，嘉火德之为贵。含太阳之灵辉，体淳刚之正气。先圣仰观，通神悟灵。穷神尽数，研几至精。形生于未兆，声发于无象。寻之不得其根，听之不闻其响。来则莫见其迹，去则不知其往。似大道之未离，而元气之灏瀿。故能博赡群生，资育万类。盛而不暴，施而不费。其变无方，其用不匮。钻燧造火，陶冶群形，协和五味，革变膻腥，酒醴烹饪，于斯获成。尔乃狄牙典膳，百品既陈。和羹酋醳，旨酒浓醇。烹鼋煮鼍，灼龟朣鳞。若乃流金化石，铄铁融铜，造制戎器，以戒不恭。砥炼兵械，整饬军容。四海宁乂，边境无寇。韬弓戢剑，解甲释胄；销镝为耒，铸戈为耨。战士反于耕农，戎马放于外厩。及至焚野燎原，埏光赫戏。林木摧拉，砂砾煎糜。腾光绝览，云散霓披。遂乃冲风激扬，炎光奔逸。玄烟四合，云蒸雾萃。山林为之崩陀，川泽为之涌沸。去若风驱，疾如电逝。纷纶纤转，

倏忽横厉。萧条长空，野无孑遗。无隙不灰，无垌不毙。震响达乎
八冥，流光烛乎四裔。榛芜既除，九野谧清。荡枝瘁于凛秋，候来
春而改生。其扬声发怒，则雷霆之威也。明照远鉴，则日月之晖也。
甄陶品物，则造化之制也。济育群生，则天地之惠也。是以上圣拟
火以制礼，郑侨据猛以立政。功用关乎古今，勋绩著乎百姓。(《全
上古三代秦汉三国六朝文》)

五 范仲淹谈"火镕金"与"水火相资"

范仲淹，字希文，北宋政治家，文学家，23—27 岁时就学于商丘
(时为北宋陪都) 的应天书院，并受邀主持应天书院教务两年，其思想
基本形成于应天书院学习时期。

范仲淹在《金在镕赋金在良冶，求铸成器》中说：

> 天生至宝，时贵良金。在镕之姿可睹，从革之用将临。熠耀腾
> 精，乍跃洪炉之内；纵横成器，当随哲匠之心。观其大冶既陈，满
> 籝斯在。俄融融而委质，忽晔晔而扬彩。英华既发，双南之价弥高；
> 鼓铸未停，百炼之功可待。况乎六府会昌，我禀其刚；九牧纳贡，
> 我称其良。因烈火而变化，逐懿范而圆方。如令区别妍媸，愿为轩鉴；
> 倘使削平祸乱，请为干将。国之宝也，有如此者。欲致用于君子，
> 故假手于良冶。

范仲淹以"金在镕"作赋名，意在以熔金之事，探讨为政之谋。阐
述了用烈火冶炼金属、熔铸器物的过程，表达了自己"金在良冶，求
铸成器"的求用于世的强烈愿望。范仲淹翻转了"火克金"的传统理念，
阐述了"金须火炼"的观点。

在《水火不相入而相资赋其性相反，同济与用》一文中，范仲淹描述
了五行中"水以流而顺，火以明而盛"的性质，水以柔而胜，火以炽而昌，
水、火之性相反，但它们一以贯之对人类都是有用有利的。"亦犹天地
分而其德合，山泽乖而其气通"，提出"质本相违，义常兼济"的朴素

的辩证法思想，并提出以此来指导修身与治国。

六 吕坤对五行之火性的认识

明朝商丘宁陵人吕坤在其《呻吟语·性命篇》中论述了五行中的火性：

> 兰以火而香，亦以火而灭；膏以火而明，亦以火而竭；炮以火而声，亦以火而泄。阴者，所以存也；阳者，所以亡也。岂独声色、气味然哉？世知郁者之为足，是谓万年之烛。火性发扬，水性流动，木性条畅，金性坚刚，土性厚重。其生物也亦然。一则见性，两则生情。人未有偶而能静者，物未有偶而能无声者。声无形色，寄之于器；火无体质，寄之于薪；色无着落，寄之于草木。故五行惟火无体而用不穷。

商丘市宁陵县吕坤墓

吕坤认为，在金木水火土五行之中，只有火不是自然界独立存在的物质，即"火无体质，寄之于薪"，但是火的用处却是无穷无尽的，对火的特殊地位认识深刻，对五行之火性认识表述得更加全面。

吕坤在其《呻吟语·圣贤篇》中还论述了五行与人的气质的联系，他说："孔子是五行造身，两仪成性。其余圣人，得金气多者则刚明果断，得木气多者则朴素质直，得火气多者则发扬奋迅，得水气多者则明澈圆融，得土气多者则镇静浑厚，得阳气多者则光明轩豁，得阴气多者则沉默精细。气质既有所限，虽造其极，终是一偏底圣人"，"圣人可能入尘不染，则境我为一矣。而浑然不点染，所谓'入水不溺，入火不焚'，非圣人之至者不能也"。

第二节 火种与燃料

一 "人工取火"技术的演进

当代人用火方便自由，对火种的价值可以说是日用而不觉。在历史上，从自觉保存到人工生出火种，大约经历了几十万年的漫长探索。有的民族，直到近代初期，仍然还停留在依靠保存自然火种的阶段，"如非洲中部的毕古米人（Pygmies）、南美南端的火地人（Fuegians），安达曼岛的安达曼人（Andamanese），都还不懂得人工取火的办法，他们还是照若干万年前的'老一套'，长期地保留着火种，永远不让它熄灭，但他们的文化远超过猿人和古人阶段的文化"。[1]

永久性的保存火种，需要有足够的薪柴、专职的守护人员，而且携带火种外出和迁移有被风雨熄灭的风险，自由生活受到制约。以人工取火为标志，到了可以自由用火阶段，人类才快速进入文明时代。各民族进入这一阶段的时间各不相同，华夏民族大约从距今 10 万余年的旧石

---

[1] 贾兰坡、王建：《人类用火的历史和火在社会发展中的作用》，《历史教学》1956 年第 12 期。

器时代中期开始迈入自由用火阶段的门槛。大约在距今 5 万年，进入旧石器时代晚期，钻孔的石器、玉器、骨器出现了，学者们推断，这时期钻木取火的技术已经逐渐成熟。

继钻木取火之后，中国古人又发明使用阳燧、火镰、火镜进行取火。到了近现代，人们又发明了火柴、打火机、电子点火等先进取火工具。不断改进的技术使生火取火更方便、更省力、更安全、更可靠。

（一）钻木与燧石

钻木取火是较早的人工取火方法，流传时间最长，人们在实践中逐渐丰富完善了这种方法。《论语集解·阳货》："旧谷既没，新谷既升，钻燧改火，期可已矣。"引马融曰："《周书·月令》有更火之文。春取榆柳之火，夏取枣杏之火，季夏取桑柘之火，秋取柞楢之火，冬取槐檀之火。一年之中，钻火各异木，故曰改火也。"

火镰发明的年代在战国时期至汉代。火镰的取火原理也是摩擦生热，火镰的铁片与火石高速摩擦产生热量，火星点燃易燃物"火绒"。火绒由艾绒加上硝水制成，摩擦出的火星在火绒上燃烧，再用"发烛"接引得火，可随时取用。火镰在我国使用了约两千年，到新中国成立前商丘地区农村仍然有部分老人习惯使用"火镰"点火。

（二）阳燧与火镜

阳燧，又叫金燧，出现于青铜器时代。它是一个铜锡合金的圆形凹面反射镜，将阳燧面向太阳，将易燃物放于光线聚集处，集聚的太阳光加热到一定程度，易燃物就被点燃。利用太阳的能量取火，这是在取火方式上的重大突破。

《周礼·秋官》："司烜氏，掌以夫遂取明火于日。"夫遂即阳燧。《淮南子·天文训》"阳燧见日则燃而为火"注引《艺文类聚》火部引旧注曰："日高三四丈，持以向日，燥艾承之寸余，有顷焦，吹之即得火。"《论衡·率性篇》："阳燧取火于天，五月丙午日中之时，消炼五石，铸以为器，磨砺生光，仰以向日，则火来至，此真取火之道也。"《梦溪笔谈》："阳燧面洼，向日照之，光皆聚向内。离镜一二寸，光聚为一点，大如麻菽，着物则火发。"

阳燧取火法只能在晴天采用，天阴或者夜间不行。"左佩金燧，右佩木燧"，反映了当时人们有两个火燧都带在身上的情形。按《周礼》中的说法，阳燧取之于日，近于天也，故占卜与祭祀时用之；木燧取之于五木，近于人也，故烹饪用之。

火镜是人类向太阳取火的又一发明。火镜取火是利用凸透镜的原理。在古代商丘农村，人们就有用冰块取火的。冬天，在阳光充足的日子里，人们把冰块做成扁圆形，中间厚四周薄像放大镜的样子，对准太阳光聚焦来点燃易燃物，可以很快取得火种。

光学仪器中凡是凸透镜的，都可用于人工取火。2005年7月，第十届全国运动会在南京紫金山天文台采集的"科技进步之火"，就是利用天文望远镜采集的。

（三）火柴、打火机与电子点火

火柴的出现使人工点火更加便捷。17世纪时，科学家用粘有硫黄的细木棒与涂磷的粗纸摩擦而起火，产生了火柴的雏形。1833年，世界第一家火柴厂在欧洲诞生，生产黄磷火柴，随即火柴工业在欧洲许多国家兴起。我国最早使用的火柴就是从欧洲输入的，中国人开始称火柴为"自来火""洋火"。

开封火柴厂是河南省最早建成且产量最大的火柴厂，商丘地区的人们当时主要使用"开封"火柴。

20世纪后期，随着打火机、电击点火的普及，火柴才逐渐减少。

较早的打火机，用手指转动齿轮摩擦火石，打出的火花点燃带油液的捻子，即产生稳定的火苗。当前的打火机则采用电击出火，点燃液化气体，火苗大小调节更为方便。

商丘市近几十年来已成为我国生产和出口打火机的重要基地之一，年产打火机30亿只以上。商丘市夏邑县百事得精工塑胶有限公司，其注册商标就有"火星台""商"等。商丘的打火机生产企业自觉担负起当代"人工取火"技术传承创新的责任，大规模生产出安全、高效、便捷的火种，输往全中国、全世界。

商丘市夏邑县生产的"商"字打火机

在煤田开矿、隧道施工、开山修路、定向爆破、集中销毁等诸多爆破作业中，已大部分采用电子点火方式，无线遥控远距离引爆更加可靠安全。钢厂的炼钢炉点火、体育运动会主火炬点火也都采用电子自动点火。我国的火箭运载能力、人造卫星技术以及航天技术，都跨入了世界先进行列，在卫星发射、火箭发射点火等方面都采用了高精确度的电子全自动点火，其控制时间的准确性和点火的可靠性都达到了非常高的水平。

二 燃烧与燃料

对中国古人提出的金、木、水、火、土"五行"学说，如果理解为"五行"是指五种物质基本元素，就是误解了，"五行"非"五物"。墨子明确说："火离然。"是说火附丽于木而燃烧，火不能离开木而存在。吕坤说得更明确："火无体质，寄之于薪；故五行惟火无体而用不穷。"中国古人对火燃烧现象的观察认识，虽达不到现代科学水平，但还是符合客观实际的。现代科学认为，火是可燃物与助燃物发生氧化反应即在燃烧过程中释放光和热的现象。

随着对火的使用，人们发现了越来越多的可燃物质。人们通常采用的燃料是指易被点燃而且燃烧时能产生热能和光能的易燃物。现代的燃料按形态可以分为固体、液体、气体三类，按原料可以分为生物、石化、核燃料三类。

目前，商丘地区城乡居民生活生产中常用的燃料主要有固体燃料——如煤、炭、木材等；液体燃料——如汽油、煤油、石油等；气体燃料——如天然气、煤气、沼气、液化气等。一些气体燃料也可压缩为液体，如液化石油气。

古代的燃料主要是草木等生物易燃物，最常用的是以木生火。商丘自古以来就是草木丰茂之地，为钻木取火、焚林而耕提供了自然条件，为远古以来的人民生活提供了必备燃料。

现代的生物质燃料要广泛得多，包括由生物质组成或萃取的固体、液体或气体燃料。所谓的生物质，是指利用大气、水、土地等通过光合作用而生成的各种有机体，包括植物、动物和微生物，这些古老而又新兴的生物质燃料是可再生燃料。

目前，生物质燃料主要被用于替代化石燃油，如替代汽油的燃料乙醇和替代石油基柴油的生物柴油。我国 20 世纪末为消化陈化粮，为丰产的玉米寻找新出路，开始推广燃料乙醇。目前为促进生物燃料行业的健康发展，河南和商丘开发的重点是以玉米等淀粉质以及木质纤维素为原料的生物液体燃料。

石化燃料是目前我们生产生活的热能主要来源，包括有煤炭、石油、天然气、油页岩、沥青砂等。

煤炭的主要成分是碳，以及氢、氧和少量的氮、硫、无机矿物质等。煤炭因含碳量的不同，而有褐煤、烟煤、无烟煤等种类之分，无烟煤含碳量最高，是最有价值的燃料。煤除了作为燃料，提供热量和工业用的动力之外，也可以被炼成焦炭，作为冶金、炼钢之用；除此之外，亦可用来生产苯、沥青、合成橡胶等化学工业产品。

商丘地区地下煤矿矿藏丰富，但埋藏较深。新中国成立后，开始探测并发掘开采，已探明煤矿主要分布于永城、夏邑、柘城、睢阳境内。

据《商丘地区志·续卷》（2003）："已开发的永城煤田精查储量为31.46亿吨，其中天然焦5.9亿吨，煤炭为优质低硫低磷低灰无烟煤，为全国六大无烟煤基地之一。"

以天然气为主的气体燃料是一种优质、高效、清洁的燃料，其着火温度相对较低，燃烧速度快，很容易实现自动化输气供应。主要有以下优点：

（1）基本无污染，含氮和含硫量都比煤和液体燃料要低很多，燃烧烟气中粉尘含量极少；采用管道输送，消除了运输、贮存过程中产生的有害气体、粉尘和噪声污染。

（2）容易调节，只要对管道的阀、风门进行相应地调节，就可以改变耗气量，对负荷变化适应快，可实现低氧燃烧。

（3）作业性好，燃气系统管道直供，操作管理方便，容易实现自动化。

据《商丘地区志·续卷》（2003），已探明商丘地区能源矿产"石油、天然气分布在虞城、夏邑境内，因尚未被国家列入开采计划，储量、地质等方面的数据没有公开发布"。

目前，商丘地区使用的石油全部依靠输入，天然气则由国家"西气东输"大型管道供应，已在全市城镇采用管道向企业和居民普及供应，并逐渐向农村发展延伸。

第三节　火光与火色

一　火光与灯具

灯火兼具火种和照明两种功能。灯火，就是火种。有了灯火，人们不必费力再去人工取火，只要用易燃物在灯火上引燃即可。灯火虽小，但是可以长时间安全使用。为了合理利用夜晚，丰富夜生活，延长工作时间，人们在灯火的使用上，花费了不少心思，制作出安全、高效、美观的灯具，也逐渐积淀了关于灯火威仪、灯具造型装饰、灯花燃放等美感追求。

我国最早使用的陶制灯具可能是从陶豆这种盛食器皿开始的，直接借用陶豆置些油脂，再加上捻子来点灯。陶豆上有敞口浅盘，中有高柄，下有喇叭形圈足，商周时期比较流行。战国时期已有不少豆型的陶灯和铜灯。

战国、秦、汉时期的灯具主要以青铜质为主，陶制灯具次之。这时期的灯具造型主要有器皿形灯、动物形灯、人物形灯、连枝形灯等。汉代的青铜灯具达到了科学性与艺术性的统一。

三国两晋南北朝时期，陶灯、铜灯也有制作，但瓷灯已成主流。唐代经济高度繁荣，物质生活比以前更加丰富，反映在照明灯具上，兼具照明与装饰双重功能的彩灯，特别是多姿多彩的宫灯的发明，极具审美文化意蕴。

宋代流行的夹瓷灯，也称为省油灯。瓷灯做有夹层，中空，可以注水以降低灯盏的温度，能减少油料的挥发，达到省油的效果。清俞樾《茶香室续钞》卷二十二"省油灯"条引宋陆游《老学庵笔记》云："'《宋文安公集》中有省油灯盏诗。今汉嘉有之，盖夹灯盏也。一端作小窍，注清冷水于中，每夕一易之。寻常盏为火所灼而燥，故速干，此独不然，其省油几半。'按今俗有'省油灯'之语，不知真有其物。"

商丘市区神火大道夜景

元宵节张灯观灯习俗形成后而制作的灯具，其观赏审美之用大大增强。元宵观灯，南北朝时期蔚然成风，隋唐后更加隆重。宋初将元宵节在正月十四、十五、十六三夜基础上又增十七、十八，共五夜；南宋时又增十三夜为预放元宵。灯节观灯者人山人海，热闹非凡，宋朝元宵节张灯、制灯、买灯、赏灯、赛灯，已成民间习俗。

二　火色与红色崇拜

（一）火色即红色

火色，本是指似火的颜色，即红色。唐白居易《短歌行》："曈曈太阳如火色，上行千里下一刻。"红色，是类似于新鲜血液的颜色，类似于太阳的颜色，是三原色和心理原色之一。由于红色最为醒目，给人视觉上一种迫近感和扩张感，加上来自对太阳和"火焰"的感受和体验，观察红色容易加速血液循环，激发兴奋、激动、紧张的情绪。

太阳象征永恒、光明、生机、繁盛、温暖和希望，自然而然，红色也就拥有了太阳的象征意义。红色代表着热烈、奔放、激情、斗志、火焰、力量、吉祥、喜气，红色的精神内涵是生命、活力、健康、热情、朝气、欢乐，外在表现强烈、外露，饱含着一种力量和冲动，其文化倾向是积极的、向上的。

（二）红色崇拜

红色是中华文化的底色。红色是中华民族最喜爱、最尊重的颜色之一，甚至成为中国人的文化图腾标识。

在中国的传统文化中，五行中的火对应的颜色就是红色。古人认为大自然有金木水火土五种物质运行形态，五种形态分别对应着五种颜色，黑色对应的是水，红色对应的是火，而黄色对应的是土，木为青色，金为白色。当一个王朝把自己的国命定义为五行中的某种物质形态时，与它对应的色彩也就成为这个王朝的"国色"。统治者通过把自己的政权与五行中的某种物质形态和色彩对应，给自己制造执政统治的合法性。

《史记·封禅书》："秦始皇既并天下而帝，或曰：'黄帝得土德，黄龙地蟥见。夏得木德，青龙止于郊，草木畅茂。殷得金德，银自山溢。周得火德，有赤乌之符。今秦变周，水德之时。昔秦文公出猎，获黑龙，此其水德之瑞。'于是秦更命河曰'德水'，以冬十月为年首，色上黑，度以六为名，音上大吕，事统上法。"秦朝的官服崇尚黑色，托于水德。

汉初时，张苍认为秦朝国祚太短且暴虐无道，不属于正统朝代，所以汉朝之正朔应为水德。到汉文帝时，又认为秦属于正统朝代，改汉正朔为土德（因土克水）。王莽建立新朝，又采用刘向刘歆父子说法，用五行相生的说法来解释五德终始，并修改汉朝以前诸朝代的德替顺序为：黄帝（土）→夏（金）→商（水）→周（木）→汉（火），认为汉朝属于火德。汉光武帝光复汉室之后，承认了这种说法，从此确立汉朝正朔为火德，因此汉朝有时也被称为"炎汉"，或称"炎刘"。

宋为火德。"太祖乘火而帝，继益之功。天祚吉土，曰惟商丘。是为星火大辰之居……而宋以火帝，兴于火墟……"（《鸿庆三圣殿赋》）商丘主火，属于"大火"的分野，又是火祖燧人氏陵所在，火神阏伯司火的圣地，素有"阏伯始封之墟"和"火都""火墟"之誉，定宋朝为"火德"，自然也是顺理成章的事。

到了明朝，太祖朱元璋仍自称"火德"，尚红色，以示与前朝蒙古人建立的元朝政权的区别。朱元璋参加的农民起义军就属于"红巾军"。瓷都景德镇不惜一切代价，烧制出空前绝后的皇家祭祀使用的红瓷。

今天中国的红色崇拜，其来源还不仅仅是人们对民族传统文化的继承。当代中国的红色文化、红色政治，其重要源头之一即是国际共产主义运动。国际共产主义运动选择了将红色作为自己的图腾，用红色这种激进、牺牲、暴力、流血的色彩，作为自我标签和革命象征。随着十月革命取得胜利，红旗取代俄国原来的三色旗插上冬宫，成为新成立的苏维埃政权的国旗。革命运动和红色崇拜也随之传到了中国大地。

中国共产党成立后，赤色运动如火如荼。1931年，红色旗帜下的中华苏维埃政权成立了。赤卫队、红色除奸队、闪闪的红星……红色成为革命的同义词。新中国成立后，红色理所当然地成为国旗的底色、本色。

当今中国，"红色文化资源"包括中国共产党领导人民在革命战争和社会主义建设时期形成的纪念地、标志物、革命事迹、革命精神等。当代中国，红旗、红星、红帽章、红领章、红色江山、红色家庭、红色基因、红色接班人……有关红色的词语不胜枚举。全世界人民认知中国的标识之一就是"中国红"。这是中国共产党人在传统文化红色基底上加入革命和流血牺牲的马克思主义革命精神，化育出的更具精神文化意义的美丽的"中国红"。

商丘人民对于红色的继承弘扬是自觉的、坚定的。商丘市中心的"商"字雕塑是商丘城市精神的标识符号，雕塑的底色、本色就是红色，表现了火文化的精神本色。

商丘市"商"字雕塑

第四节　火性与火灾

一　炼丹术对火性的试验

中国古代炼丹术的主要方法是"炼"，即用火对某些物质进行加工以期达到某种效果，这也是一种对火性的试验和认识的过程。

秦始皇、汉武帝都喜好神仙和长生之说，想炼出吃了能长生不老的仙丹来。许多著名炼丹家如葛洪、陶弘景等同时也是大医药家。葛洪的《抱朴子内篇》记录了许多所谓的长生不老药（如太清丹、金液）及它们的制炼方法。虽然没有炼出来真金，却制成了多种貌似金、银的金属化合物。古代的炼丹术主要涉及硫、汞、砷、铅等化学元素，比如丹砂或称硫化汞，是硫与汞的无机化合物。炼丹家将丹砂加热后分解出汞，进而又发现汞与硫化合生成黑色硫化汞，再经加热使其升华（隔绝空气），就又恢复到红色硫化汞的原状。汞属于金属物质，但却呈液体状态，其形体圆转流动，易于挥发，让人感到十分神奇，进而选择其他金石药物来与汞混合烧炼，反复进行还原和氧化反应实验，以炼就"九转还丹"。汞因其罕见，曾被认为是具有神奇效用的长生之药。

炼丹家们在冶炼合金方面取得了很大的成绩，他们曾经成批生产过一些黄色的合金和白色的合金，其中就有黄铜（锌铜合金）、白铜（镍铜合金）、砷白铜（砷铜合金）、白锡银（砷锡合金）等等，还有各种各样的汞合金。

东汉时期魏伯阳编著的一部炼丹术著作《周易参同契》，把物质分为阴阳两大类，提出要产生新物质必须阴阳配合，同类物质在一起是不会化合的。他还指出若"药物非种，名类不同"，"分剂参差"，"失其纲纪"，就会"飞龟舞蛇，愈见乖张"，这实际是炼丹过程中发生爆炸的情况，这正是炼丹家发明火药的前奏。

在古代商丘地区应该也有不少炼丹术士。清乾隆《归德府志》有以下两条记载：

> 宋丁少微，真源人，为道士，隐华山潼谷，密迩陈抟所居。志尚清洁，善服气，多饵药，百余年康强无恙。太宗召赴阙，以金丹、巨胜、南芝为献。留数月，遣还山。

> 张永德初寓睢阳时，有书生邻居卧疾，永德疗之，获愈。一日就永德求汞五两，置鼎中煮之，成中金。自是日与永德游，永德数求药法，生曰："君当大贵，吾不吝此，虑损君福耳。"及永德为将，屯下蔡，自出骑射，有一僧睥睨，诘之，乃昔书生也。复就求前术。僧曰："始语君贵，今不谬矣。君当谨节，保五十年富贵，安用此为？"永德果如所料，竟不知僧是何如人也。

古代炼丹家亲自采方配药，通过反反复复加热试炼，有意无意地发展了原始化学事业，成为近代化学的先驱。英国李约瑟博士在《中国科学技术史》中称，中国炼丹家乃世界整个化学最重要的根源之一。

二　对火性与火灾的认识

火因其施惠于人，赢得了人类的礼赞讴歌，人们尊称其为"火神"，另一方面，火也能为祸于人，甚至伤害人的生命，人们常说"水火无情"。

《墨子·尚同》曰："古者民始生，未有刑政之时，盖其语，人异义……天下之百姓，皆以水火毒药相亏害……天下之乱，若禽兽然。"《墨子·兼爱》谓："又与今人之贱人，执其兵刃毒药水火，以交相亏贼，此又天下之害也。"《墨子·天志》称："是以天下之庶国，莫以水火毒药兵刃以相害也。"墨子认为人与人以水火毒药兵刃相伤害，皆人祸也。《后汉书·五行志》："火失其性而为灾。"元代王祯《农书》中指出："人之饮食，非火不成。人之寝处，非火不明。人火之孽，失于不慎。始于毫发，终于延绵。"

自先秦到近代，随着人口增多，城镇集聚，火灾也逐渐增多。火灾从都城到乡镇，从居民区到皇家宫殿，从寺庙楼院到军营械库，都有发生。著名的秦国阿房宫大火、魏晋唐宋诸佛寺大火、明清紫禁城大火等灾难在中国古代政治上、精神记忆上都影响深远。

《归德府志》卷三十四《灾祥略》记载了商丘地区历史上的几次火灾：引《左传》，襄公九年春，宋灾，三十年五月甲午，宋大灾，宋伯姬卒；引《宋史·五行志二》，宋朝开宝八年四月，永城县火，燔军营、民舍千九百八十区，死者九人；引《旧府志》，明朝洪武三十一年夏四月，归德州大火，延烧军民一百二十余家，儒学皆焚。

对于鲁襄公九年春的"宋灾"，《汉书·五行志》曰：

> 左氏传曰：宋灾，乐喜为司城，先使火所未至彻小屋，涂大屋，陈畚锸，具绠缶，备水器，畜水潦，积土涂，缮守备，表火道，储正徒。郊保之民，使奔火所。又饬众官，各慎其职。

宋国司城乐喜在指挥救火的过程中，先对火所未至的地方，把易燃的小屋拆除，用泥巴来封涂不宜拆除的大屋，以阻隔火势；准备好装土的工具草笼、绳索，贮水的器物和灭火的水、沙土；火之所起之道皆立标记，调集官府劳役和郊外之民，赶去救火。足见当时宋国国都（在今商丘古城）已有切实可行的防控火灾蔓延和灭火的具体措施。

以土灭火法是人民群众在用火实践中发现的。小型火堆用土或者沙石覆盖，可以迅速扑灭，因为阻断了可燃物与空气中的氧气发生反应，燃烧就会终止，还能防止灰烬被风吹散而引燃新火。以沙石、泥土灭火，简便易行，可就地取材，至今仍在广泛使用。现代便携式干粉、泡沫灭火器，采取的也是这种隔绝式灭火原理。

三　火灾的防控

（一）防患未然的火警意识

在与火打交道的过程中，人们清醒地认识到，火善用之则为福，不善用之则为祸。必须防患未然，运用各种安全措施，防止火灾发生。

《周易·既济》称："水在火上，既济。君子以思患而预防之"，是"防患未然"思想的明确阐释。

《墨子·号令》："诸灶必为屏，火突高出屋四尺"，教导大家对各种炉灶必须设置屏障，烟囱须高于屋面四尺以上，防止烟囱中的火星落在茅草屋顶上引起火灾。"慎无敢失火，失火者斩其端，失火以为事者车裂"，在守城备战的关键时候，一定谨慎不要失火，对失火的主要责任人、故意纵火的人要施以严厉惩罚。

古代建筑物屋脊上安放鸟兽饰物，称为"鸱吻"，传说这些饰物能够起到提醒防火的作用。唐朝苏鹗《苏氏演义》："蚩者，海兽也，汉武帝作柏梁殿，有上疏者云：蚩尾，水之精，能辟火灾，可置于殿堂。今人多作鸱字。"上述神兽饰物在商丘古城的古代房屋中遗存下来的很多。神兽造型生动优美，增加了房屋的造型美，也富有压邪镇宅、免灾呈祥的精神文化价值。

北宋时京师火禁甚严，无论官府、百姓夜间都必须熄灭火烛，军队对于夜间用火也管理甚严。宋朝已流行在城内开水渠、留火巷的城市防火建造法式，建设房屋留出间距，既能防止火势蔓延，又能为救火留出消防通道。

商丘古城的小网格棋盘式街区布局，较好地处理了交通、防火与建筑的关系。夜间有沿街鸣锣或击梆呐喊者："早起晚眠，小心火烛。"店铺住房门板或墙壁上也贴有警戒语。商丘古城的城墙高于一般民居，城墙上的城楼是观察城区内外的制高点，也是发现火灾的观察所，这里常年有人值守，以守护城市安全。

在城墙外挖出壕沟，甚至形成城湖，这不仅是防范敌人入侵的军事需要，也是保证消防用水的需要。商丘古城是水中之城，并非自然形成，完全是人工挖池修筑的。商丘古城中的官府、民居，也都设置有蓄水大缸，以备灭火。

（二）依法防火治火

在中国历史上，各个时期都有"以法治火"的法规法典，虽然其中多是对于违法造成火灾者的处罚，但对于防范自然火灾也同样是有用的。

周代设立了掌管防火灭火的"火官"，颁布了"火禁"。《周礼·秋官》记有司烜氏"仲春，以木铎修火禁于国中"，即防火人员手摇木铃，提醒居民防止火灾。《唐律》中更有比较完备的防火法规，宋代还制定了军队救火的规定。在元代，日常防火规定："诸城郭人民，邻甲相保，门置水瓮，积水常盈，家设火具，每物须备"，"有司不时点视，凡救火之具不备者，罪之"（《元史·刑法志四》）。明代的《大明律》和清代的《大清律例》均有关于失火放火罪的处罚条款。

我国第一支消防警察部队建于清光绪二十八年（1902），清政府在天津南段巡警总局设消防队。三十一年，清政府成立巡警部，下设消防处，由"统带"管辖。民间的消防组织，有"水龙会"等，是由商家自发组织的群众性消防组织，负责筹集消防资金，购置和管理消防器材，组织开展各种消防活动。

1984 年,《中华人民共和国消防条例》明确提出了"以防为主,消防结合"的消防工作方针,把预防火灾放在首位,落实防控火灾的各项措施,把握了同火灾做斗争的客观规律,丰富发展了"防患未然"的消防理念。

商丘市建国后就成立了消防机构。1988 年元月,商丘地区公安消防大队升格为支队,副团级,下辖七个消防中队。1994 年 9 月,商丘地区公安消防支队升格为正团级。1996 年 9 月,商丘地区行署下发《关于加快我区民办消防队伍建设的通知》,促进了商丘农村消防事业的发展。2018 年,按照党政机构改革方案,消防支队归属到市应急管理局统一领导。

第五节 火战与火药

一 火战:攻与守

火攻,曾经是人类战争中常用的策略,如《三国演义》中就有曹操火烧袁绍粮草、诸葛亮火烧博望坡、诸葛亮和周瑜火烧曹操连锁战船、陆逊火烧刘备连营的故事,妇孺皆知。

(一)墨子救宋与火战之术

墨子提出"非攻"的主张,曾千里迢迢赶到楚国,说服楚王放弃攻打宋国的战争计划。墨子还在技术上与公输盘斗法推演,"战胜"了公输盘。

《墨子·备城门》一文中,记载了他对弟子禽滑釐讲解的守城策略、方法和技术,其中就有防备火攻与以火迎敌的措施,也有着比较详细具体的说明:

> 救车火为烟矢,射火城门上,凿扇上为栈,涂之,持水麻斗、革盆救之。门扇薄植,皆凿半寸,一寸一涿弋,弋长二寸,见一寸,

相去七寸，厚涂之以备火。城门上所凿以救门火者，各一垂水，容三石以上，小大各杂。

············

城上三十步一垄灶。持水者必以布麻斗、革盆，十步一。柄长八尺，斗大容二斗以上到三斗。敝裕、新布，长六尺，中拙，柄长丈，十步一，必以大绳为箭。城上十步一镞。水缸，容三石以上，大小相杂，盆、蠡各二财。

············

救阘池者，以火与争，鼓橐，冯垣外内，以柴为燔。

墨子计划为防敌人火攻，要准备适当的储水器，而当敌人冲进城墙外壕沟时，马上用火攻与敌人对抗，多置放木柴，纵火焚烧敌人，并用风箱把火焰和毒气吹向敌人。

防备敌人用柴火车冲到城门，或带火的箭矢射到城门的办法，事先就要在城门上涂上厚厚的泥土，也可以事先预备好麻斗、革盆盛水灭火。

（二）张巡睢阳以火守城

如果说墨子是靠智慧和勇气不战而屈人之兵的话，在他保护的宋国国都——千年之后的同一个城池——唐朝的睢阳城，张巡、许远等将领则运用墨子的智慧和方法，以火守城，立下功绩。

唐朝安史之乱中的睢阳之战是影响深远的重大战役，张巡、许远、南霁云等将领以孤城抵抗叛军尹子琦十余万众攻击，借以火力杀敌，以火力守城，将叛军拦于城下数月不得进，拖延了叛军行动，使东南富庶地区得保，为朝廷组织平定叛乱争取了时间。《新唐书·忠义传》载：

巡栅城上，束刍灌膏以焚焉，贼不敢向，巡伺隙击之……救兵不至，贼知之，以云冲傅堞，巡出钩干拄之，使不得进，篝火焚梯……贼知外援绝，围益急。众议东奔，巡、远议以睢阳江、淮保障也，若弃之，贼乘胜鼓而南，江、淮必亡。

叛军对睢阳城死围数月之后，由于粮草不济，张巡军士皆饿病，无力应战，城陷落，无一人投降，皆骂贼而死。张巡壮烈牺牲三日后唐朝大军至，扫荡叛军。朝廷"咸谓巡蔽遮江、淮，沮贼势，天下不亡，其功也……天子下诏，赠巡扬州大都督，远荆州大都督，霁云开府仪同三司、再赠扬州大都督，并宠其子孙……皆立庙睢阳，岁时致祭……图巡、远、霁云像于凌烟阁。睢阳至今祠享，号'双庙'云"（《新唐书·忠义传》）。

商丘古城拱辰门

二　火药及其对世界的影响

火药是中国古代四大发明之一。中国火药的发明与古代炼丹有关，炼丹家在"仙丹"炼制过程中逐渐发展完善了火药的配方，但火药不能解决长生不老的问题，又容易着火，炼丹家对它逐渐失去了兴趣。当火药的配方由炼丹家传到军事家手里，它就被广泛应用，成为中国古代战争的武器之一。

唐朝末年火药已被用于军事，两宋时期火药武器得到较快发展。北宋前期主要是利用火药的燃烧性能制成燃烧性火器。如《宋史·兵志十一》载，宋太祖开宝三年（970），"时兵部令史冯继升等进火箭法，命试验，且赐衣物束帛"，这种火箭法，大概是在箭杆前端缚火药筒，点燃后利用火药燃烧向后喷出的气体的反作用力把箭射出。又如真宗咸平三年（1000）八月，"神卫水军队长唐福献所制火箭、火球、火蒺藜"。

在实践中，人们对火药的爆炸性有了进一步的了解，逐渐重视并开始利用火药的爆炸性能，制造出如霹雳火球、霹雳炮、震天雷等兵器，霹雳火球使用火药加瓷片，震天雷使用铁制外壳内装火药，两者都具有较强的杀伤力。

南宋时出现了管状火器。南宋城邑防御专著《守城录》记载，南宋绍兴二年（1132），陈规守德安（今湖北安陆）时，以火炮药制造长竹竿枪二十余条。这种"长竹竿"火枪，临阵点放，用竹做枪筒，内装火药，可喷出火焰，烧毁目标，这可能是已知关于我国发明管形火器的最早记载。又《宋史》载，开庆元年，有突火枪，"以巨竹为筒，内安子窠，如烧放，焰绝然后子窠发出，如炮声，远闻百五十余步"，就此文推测，"子窠"的作用，似乎就相当于子弹。突火枪开创了管状火器发射弹丸的先声，而现代枪炮就是由这类管状火器逐步发展起来的。

明代统治者非常重视兵器，特别是威力巨大的火器在战争中是冷兵器远不能比的，火器需求人力少，但效果更大。明代的火器不仅种类繁多，质量也不断提高。明代研究火器者人数众多，如赵士祯、茅元仪、毕懋康、孙元化、徐光启、焦勖等，特别是明末随着东西方交流日渐增多，火器在理论和实践方面都有较大的进步。

中国的火药武器主要是通过战争传到阿拉伯国家的，成吉思汗西征，蒙古军队使用了火药兵器。蒙古在灭金、宋的战争中，特别注意掳获当地的工匠和火器，尤其是工匠，除了一部分编入蒙古军队之外，还将一部分带往漠北，以提高军队的作战能力。蒙古大军在西征的过程中，新编入军队的火器部队也随军远征，装备有火器的蒙古骑兵横扫东欧平原，在与欧亚各国的战争中，实现了火药使用技术的交流和改进。火药传入欧洲后，欧洲人改良火药配方制造出了更为先进的炸药和火器。

第六节　火与建筑建材

当代人居住在防风避雨、温暖明亮的建筑物内，试想原始人在没有能力建造房屋时，是在哪里度过漫长的黑夜、寒冷的冬季、潮湿的雨季的呢？

《礼记·礼运》："昔者先王，未有宫室，冬则居营窟，夏则居橧巢。"

《墨子·辞过》载："古之民未知为宫室时，就陵阜而居，穴而处。下润湿伤民，故圣王作为宫室。"

《庄子·盗跖》载："古者禽兽多而人民少，于是民皆巢居以避之。昼拾橡栗，暮栖木上，故命曰有巢氏之民。"

《墨子》《庄子》《礼记·礼运》记载了古代先民的两种主要栖居方式：洞穴居、木巢居。中国古人的居所建设就是沿着这两条路子不断改进发展的。

就山陵高原而居者，深挖洞穴，而后逐渐形成窑洞式房舍，至今在河南省西部山区还有居民生活在地坑院内。就平地而居者，就地挖掘地穴，上边搭上草木棚子遮挡风雨，建成"地窨"式居所。商丘古代龙山文化遗址还有半地穴式房屋。

树木巢居者，在不愿意忍受日晒雨淋和寒风吹打时，开始用树枝草叶搭起棚子围成墙，然后涂上泥巴，形成木骨泥墙，后来用土坯、砖砌墙，建造出一个比较安全舒适的栖居空间。

商丘龙山文化遗迹考察研究说明，用火与这一系列建筑、建材有着不可分割的关系。

中国社会科学院考古研究所和商丘地区文物管理委员会于 20 世纪 70 年代对永城王油坊文化遗址进行发掘，发现了三座石灰窑，石灰窑皆为直壁平底圆坑，底部与周壁呈红色或灰青色，窑坑内出土有石灰块、未烧透的石灰石、烧土块、草木灰，证明了王油坊龙山文化的先民已经掌握了烧制石灰的技术，这在中国建筑史上都是很新鲜的材料，在王油坊文化遗址发现的石灰窑与石灰在房屋建筑上的使用都是当时罕见的。芒砀群山是商丘境内唯一低山区，石质以石灰岩为主，芒砀山距离王油坊文化遗址约40公里，或许是有能够就近取材的便利，成就了王油坊先民烧制石灰的创造性成就。

　　1977年4月，对永城黑堌堆考古发掘，发现了房基九座，有方形和圆形两种，皆为地面建筑。建房的方法是先平垫地基，地面铺垫厚0.5—0.6米的黄花土，内杂细小料礓石，基址上用草拌泥筑墙，每层厚约0.1米，表面经过烧烤，十分坚硬。室内地面北高南低，先铺一层草泥土，经过烧烤，质地较硬，上面再铺一层白灰面；墙的内外两侧经过修整，均涂一层5厘米厚的细草泥土，经过烧烤，然后再在室内墙表面涂一层白灰面,其下部与地面的白灰面相连接。各房南墙各开一门，过道用烧过的草灰泥和白灰面铺成。

商丘市神火大道

　　根据上述龙山文化遗址考古发掘材料，在用火与建筑、建材关系方面我们有以下发现：一是房基内多有烧灶，烧灶既是做饭处，又是取暖处；二是墙体为木骨草泥土垛成，墙体筑砌时有层层烧硬现象；三是已会烧制石灰，并把石灰用于防潮处理和美化装饰房间的墙面地面。特别需要强调的是：虽然木骨草泥土垛成的墙体还保留着草木涂泥为墙的原始做法，但墙体泥土中加草具有稳定性，墙体已加厚，可承重可保温。商丘岳石文化期间还出现用黑褐色草泥坯砌墙，墙体筑砌时有层层烧硬现象，距离把土坯放到火窑里烧出砖块已经比较接近了。

第七章 "中国火文化之乡"建设

第一节 当代火文化建设的春天

在改革开放的春天里，社会主义精神文明建设被提上党和政府的重要议事日程。1981年，素有商丘标志之称的阏伯台重修，拉开了当代商丘火文化之乡建设的序幕。从20世纪90年代以来，党和国家各级领导同志经常到商丘指导火文化建设，许多国内外著名专家学者为商丘火文化建设提出了宝贵意见，商丘"中国火文化之乡"建设迎来了春天。

按时间顺序，现将商丘火文化建设的大事略记如下：

1992年3月，中顾委委员、外交部原副部长伍修权考察燧皇陵火文化景区，并题词："中华第一火种。"

4月16日，国际旅游观光年"黄河之旅"首游式取火仪式在燧皇陵火文化景区举行，国家旅游局副局长孙刚等出席，所取的火种称为"圣火"，被国家旅游局命名为"中华第一火种"。

5月，著名考古学家、中国历史博物馆原馆长俞伟超先生考察燧皇陵火文化景区，并题词"燧皇陵"。

5月，中共河南省委书记杨析综考察燧皇陵火文化景区，并题词："中华第一火种。"

9月18日，河南省第七届青年运动会火炬取火种仪式在燧皇陵火文化景区举行。

9月25日,中共中央委员会原副主席李德生考察燧皇陵火文化景区,并题词:"华夏第一火种。"

1994年5月28—29日,中国商丘火星台研讨暨认证会在商丘举行,20多位国内专家学者一致认为:"火星台是中国最早的观星台遗址。"

1995年10月,由商丘睢阳区文化学者尚起兴主笔撰写解说词、商丘地区教育电视台录制的《中国的火祖与火神》电教片,获豫鲁苏皖四省电教片一等奖。

1996年5月17日,全国政协副主席、全国民盟副主席钱伟长考察燧皇陵火文化景区,并题词:"华夏第一火种。"

10月,全国人大常委会原副委员长王光英至燧皇陵火文化景区参观考察。

1997年6月29日,商丘市的城市地标"商"字雕塑落成。"商"字雕塑坐落在商丘市睢阳区神火大道与南京路交汇处的环岛内,取材于甲骨文中的商字造型,并以"商人、商业、商品发源于商丘,商朝建都于商丘"之名,誉商丘为"三商之源·华商之都"。

12月,中共中央政治局原常委、中组部部长宋平,中共中央政治局委员、河南省委书记李长春至燧皇陵火文化景区参观考察。

2000年7月,全国人大常委会原副委员长布赫至燧皇陵火文化景区参观考察。

9月,"黄河杯"申奥点火仪式在燧皇陵火文化景区举行。

2001年4月16日,全国政协副主席张思卿至阏伯台、燧皇陵火文化景区考察。

11月,河南省人民政府省长李克强至燧皇陵火文化景区考察。

2002年7月29日,国家文物局原局长张文彬至燧皇陵火文化景区考察,并题词"燧皇陵"。

9月6日,时任中宣部副部长刘云山至燧皇陵火文化景区考察。

2003年6月,燧皇陵火文化景区建设项目可行性研究报告编制完成。

12月，河南省发改委、河南省旅游局批准立项。

12月19日，首届河南信用经济论坛"信用河南"圣火火种采集仪式在燧皇陵火文化景区举行。

2004年12月，燧皇陵火文化景区扩建一期工程竣工，建成了墓冢、神道、石牌坊、石像生等，总投资300万元。

12月23日，中央军委原副主席、国防部长迟浩田至阏伯台、燧皇陵考察。

2005年3月，燧皇陵火文化景区扩建二期工程开工，投资1200多万元，拆迁民居56户，完成了火文化广场、贵宾室、星级厕所、山门、门前广场、停车场、游客中心、景区绿化等工程。

3月20日，中共河南省委书记徐光春至燧皇陵火文化景区考察。

5月31日，中组部原部长张全景至燧皇陵火文化景区考察。

7月15日，全国第十届运动会"华夏文明之火"采集火种仪式在燧皇陵火文化景区举行。

7月15日，国际奥委会委员、世界乒坛名将邓亚萍至燧皇陵火文化景区考察。

7月，商丘市睢阳区文化学者尚起兴主编的《中华圣火》一书由新华出版社出版发行。

12月，燧皇陵火文化景区被国家旅游局评定为AAAA级旅游景区。

2006年2月，商丘市睢阳区文化学者尚起兴主笔撰写解说词、河南省电视台录制的风光片《中原风情漫话——火祖火神溯源》发行海内外。

4月26—27日，首届中国火文化研讨会在商丘举行。成立了中国火文化研究会，通过了章程，与会31位专家学者达成了共识，签署了会议纪要，与会专家认为："燧皇陵在商丘，商丘是古黎丘，是燧人氏作为天皇时，在瞿水、睢水流域的中心都邑。"

4月26日，第九届全国政协副主席王文元至燧皇陵火文化景区考察，并题词：“学会用火是人类进步的重要阶梯。”

4 月 27 日，国家文物局原局长张文彬至燧皇陵火文化景区考察，并题词：“华夏文明之火。”

5 月 25 日，包括燧皇陵火文化景区在内的宋国故城遗址被国务院批准为国家级重点文物保护单位。

8 月 5 日，香港著名导演唐季礼至燧皇陵火文化景区参观考察。

11 月 10 日，著名文化学者余秋雨至燧皇陵火文化景区参观考察。

12 月，燧皇陵火文化景区完成了第三期建设规划的编制及评审。

2007 年 2 月，燧皇陵火文化景区的“火神祭祀”被河南省人民政府列入非物质文化遗产名录。

5 月 6 日，全国人大常委会原副委员长盛华仁至燧皇陵火文化景区参观考察。

8 月，商丘市被认定为 2008 年北京奥运会火炬传递城市。

12 月 14 日，全国政协副主席徐匡迪至燧皇陵火文化景区考察。

2008 年 4 月，中共商丘市睢阳区委文件（商睢文〔2008〕16 号）和商丘市睢阳区人民政府文件（商睢政文〔2008〕34 号）正式向河南省民间文艺家协会、中国民间文艺家协会申报“中国火文化之乡”，并申请成立“中国火文化研究中心”。

5 月，河南省民间文艺家协会豫民协字〔2008〕第 10 号文件，就睢阳区申报“中国火文化之乡”，并成立“中国火文化研究中心”一事，向中国民间文艺家协会提出申请。

7 月 26 日，国际友人大山先生至燧皇陵火文化景区参观考察，并亲身体验“钻木取火”。

7 月，中国民间文艺家协会副主席夏挽群、副秘书长赵铁信等专家一行八人就“中国火文化之乡”申报一事，专程至燧皇陵火文化景区考察，并题词：“华夏火种，永放光芒；燧人氏祖，万世敬仰。”

11 月 6 日，第十届全国政协副主席李蒙至燧皇陵火文化景区考察。

12月，燧人氏铜像在燧皇陵火文化景区落成。

2009年1月，中国民间文艺家协会党组书记罗杨签发民协发〔2009〕1号文件，决定命名商丘市睢阳区为"中国火文化之乡"，并批准建立"中国火文化研究中心"。

3月12日，中国民间文艺家协会在北京长城饭店举行"中国火文化之乡"授牌仪式。解放军总政治部原副主任、中纪委原副书记张树田上将；全国政协常委、副秘书长，全国工商联党组副书记、副主席张龙之；中国文联副主席杨志今；中国文联书记处书记白庚胜；中国民间文艺家协会党组书记、驻会副主席罗杨等参加了授牌仪式。张龙之为睢阳区荣获中国火文化之乡题词："中华火神。"白庚胜亲自将"中国火文化之乡"匾牌授予睢阳区人民政府。

3月30日，第十届全国政协副主席罗豪才至燧皇陵火文化景区考察。

3月30日，台湾亲民党主席宋楚瑜至燧皇陵火文化景区参观考察。

4月6日，第十一届全国人大外事委员会主任委员、外交部原部长李肇星至燧皇陵火文化景区考察。

4月8日，国家文物局局长单霁翔至燧皇陵火文化景区考察。

10月19日，国家园林城市专家组组长江长桥一行到燧皇陵景区进行考察。

10月21日，第十届全国政协副主席张怀西一行到燧皇陵景区进行考察。中国国土经济学会副理事长兼秘书长柳忠勤、河南省政协副主席袁祖亮等陪同考察。

12月3日，河南省有关领导及商丘各界人士千余人公祭中华人文始祖三皇之首燧皇、五帝之一帝喾、商之始祖阏伯。

2010年10月，商丘市民间文艺家协会主席、睢阳区文联主席张学勇主编的《中国火文化之乡——河南睢阳》，由大象出版社出版。

2015年5月13日，北京大学国情研究中心太极文化所研究员、中国社会科学院华夏纽带工程组委员会专家委员、中华伏羲文化研究会理事、中华名人学会会员王大有，北京收藏家协会副会长、火花烟标专业委员会主任、英国皇家火花协会会员李福昌等专家学者专程到商丘燧皇陵，祭祀人文始祖燧人氏。

2016年3月10日，由商丘市炎黄文化研究会、商丘市国学文化促进会主办，商丘古城旅游发展有限公司、燧皇陵景区分公司承办的拜谒中华火祖燧人氏典礼在燧皇陵隆重举行。

11月，商丘人李栋、吴金山编著的《燧人氏传奇》一书由中州古籍出版社出版，内载《燧人氏传奇》电影文学剧本。

2017年2月27日，由中国火文化研究中心、商丘市炎黄文化研究会、商丘市国学文化促进会主办，商丘古城旅游发展有限公司承办的丁酉公祭中华人文始祖火祖燧皇大典在燧皇陵隆重举行。

6月18日，中华火文化论坛暨第三届国际艾灸文化高峰论坛全体嘉宾及与会人员祭拜中华火祖燧皇。

2018年3月18日，公祭中华火祖燧皇大典在燧皇陵举行。

2019年3月8日，河南各界人士汇集于中华火祖燧皇陵前举行燧皇故里拜祖大典。

商丘市燧皇陵大门

第二节 "中国火文化之乡"的申报与命名

为了充分发掘商丘古城历史文化资源，叫响火文化品牌，促进民间文化资源的原产地保护和开发利用，推动火文化之乡地域文化品牌的建设，2007年11月，中共商丘市睢阳区委、区人民政府决定，正式启动中国火文化之乡的申报工作。

（一）搜集资料，做好基础工作

俗话说，"巧妇难为无米之炊"，要申报中国火文化之乡，没有充足的火文化方面的资料是很难做好这项工作的，因而收集火文化资料成为火文化之乡申报工作的基础与前提。

工作目标明确后，睢阳区委、区政府多次召开会议，统一思想，明确任务，专人负责，开始了火文化资料的搜集整理工作。在商丘师院图书馆、商丘职业技术学院图书馆、商丘市市志办、市档案馆、市博物馆、市新华书店，商丘市各县（市）区的县（市）区志办公室、档案馆、图书馆、博物馆等单位，凡是能找到火文化资料的地方，都一一跑到，想尽一切办法搜集到；凡是研究过火文化的商丘文化专家，都一一拜访，记录相关内容。安排人员奔赴北京，到北京图书大厦等处购买资料；六次奔赴开封、郑州，到河南大学、郑州大学拜访名师、专家借阅火文化方面的资料。白天搜集，晚上查阅，经过一个半月的日夜努力，共搜集涉及火文化方面的书籍132本1500多万字。

在搜集、查阅火文化资料过程中，工作组同志们深感商丘火文化资料之丰富，在很多方面都有唯一性，也为申报中国火文化之乡提供了确凿的依据，如商丘自古就有"火都""火墟""大火之乡"的称谓，火已成为商丘的标志和象征。古籍记载，燧人氏"钻木取火"，"遂人以火纪，火，太阳也，阳尊，故托遂皇于天"，"遂人功重于祝融、女娲，文明大见"。学者考证，敬奉太阳的燧人氏以瞿水、睢水流域为中心都邑，即今商丘市境内。商丘还是见于史册的我国第一位"掌火官"——阏伯的封地。历史久远的"燧皇陵""阏伯台",庄重热烈的"火神祭祀"以及当地民间"取新火""添新土""赛火把""玩铁花""二月二祭燧皇""火龙灯""太阳鸟""吃红蛋"等许多民俗都显扬着独特的火文化气息。爱火、崇火的理念,渗透于商丘人日常生活的方方面面。

我国云南省弥勒、甘肃省天水、河北省涿鹿、山东省曲阜等十多个县(市)火文化底蕴也很深厚,北京周口店、内蒙古鄂尔多斯东南之萨拉乌苏河、宁夏水洞沟等地也发现了古人类用火的文化遗址,浙江杭州萧山跨湖桥据说发现了"燧人氏钻木取火的弓箭"等;但是商丘市的火文化资源与其他各地相比,具有明显而独特的优势。

(二)撰写材料,提供科学决策

面对众多的资料,要梳理、归纳,写出证据确凿、内容翔实、具有说服力的申报材料,也是一件非常不易的事情。从 2008 年 1 月开始,睢阳区工作组的同志克服一切困难,开始撰写申报材料。为了查找一个证据,不怕路途遥远,竟跑几十里,向有关专家讨教。在图书馆翻阅资料时,把有用的资料用随身携带的本子和笔记录下来,回单位后,再把搜集记录的材料整理汇总打印。

为使撰写的申报材料更加翔实,更具有权威性,他们再次深入挖掘,查找证据,修改完善。多次到商丘师院等高校、科研机构,拿出写好的文稿,让专家学者修改校正,增加新的内容,在火文化的起源、民俗、内涵、现存建筑、年代考证、历史沿革、民间故事传说、社会影响、专家评价,以及商丘人的崇火、敬火、尊火、拜火、祭火的习俗与传统等方面,逐一进行查检论证。2008 年 3 月,又奔赴河南大学、郑州大学,拜访我省先秦文化研究的专家学者,听取他们对申报中国火文化之乡论证材料的修改建议。经过三个月的辛勤努力,十易其稿,成功写出三万多字的申报论证材料,为科学决策提供了依据。

(三)认真求实,逐级做好申报

撰写好申报材料,只是迈向成功的第一步,要取得上级的认可,必须有当地党委政府领导的支持。为把此项工作做细,做周密,2008 年 4 月,工作组同志带着撰写的申报材料,到省会郑州,拜访了河南省民间文艺家协会的有关专家,经专家审核,申报的材料包括录制的光盘内容都得到了充分肯定。中共商丘市睢阳区委常委会专门召开会议,听取汇报,研究中国火文化之乡申报一事,区委、区政府一致同意。中共商丘市睢阳区委下发了商睢文〔2008〕16 号文件《关于成立申报中国火文化之乡领导组的通知》,商丘市睢阳区人民政府印发了商睢政文〔2008〕34号文件《关于申报中国火文化之乡和成立中国火文化研究中心的报告》,正式向中国民间文艺家协会申请申报"中国火文化之乡",并在睢阳区成立"中国火文化研究中心"。

2008 年 5 月,商丘市文联、睢阳区领导亲赴河南省文联、民协,就申报事宜向中国民协副主席、河南省文联副主席、河南省民协主席夏挽群和民协秘书长程健君做了专题汇报,得到了河南省文联、民协的认可,他们对商丘为火文化事业所做的工作表示肯定,并表示将全力支持商丘的申报工作。2008 年 6 月,河南省民协派出专家组对燧皇陵、阏伯台等进行实地考察后,以豫民协字〔2008〕10 号文件正式向中国民间文艺家协会推荐:请求命名商丘为"中国火文化之乡"。

2008 年 8 月,中国民间文艺家协会派出由中国民协、北京大学、河南省民协、河南大学的专家学者组成的考察团一行八人,对商丘申报中国火文化之乡进行了实地考察和论证。在专家组考察期间,中共商丘市委宣传部和睢阳区委政府领导非常重视,亲自陪同,共同研究了中国火文化之乡建设的有关工作意见。

(四)命名"中国火文化之乡"

2009 年 1 月,中国民间文艺家协会党组书记罗杨同志签发中国民协发〔2009〕1 号文件《关于同意命名商丘市睢阳区为"中国火文化之乡"并建立"中国火文化研究中心"的决定》,全文如下:

河南省民间文艺家协会并商丘市睢阳区人民政府：

所报《关于申报"中国火文化之乡"并建立"中国火文化研究中心"的函》收悉。依照中国民间文艺家协会命名"中国民间文化之乡"的有关规定，经组织专家实地考察、论证，中国民间文艺家协会认为：所报材料属实，手续齐备，申报规范。经研究决定，同意命名商丘市睢阳区为"中国火文化之乡"并建立"中国火文化研究中心"。

请河南省民间文艺家协会并商丘市睢阳区人民政府接到此决定后，按照相关规划做好各项工作，切实抢救、保护和弘扬优秀民间文化艺术。中国民间文艺家协会将对"中国火文化之乡"及"中国火文化研究中心"开展的工作适时进行检查，并将继续给予扶持和指导。

特此决定

中国民间文艺家协会

2009 年 1 月 20 日

商丘市睢阳区被正式命名为"中国火文化之乡"，这是商丘市的大喜事，是全市 900 万人民精神文化生活中的大喜事。时任中共商丘市委书记王保存和市委常委、宣传部部长李德才等领导亲自指示新闻单位，做好宣传工作。《商丘日报》在头版头条刊登了这一消息，商丘电视台、京九晚报等 30 多家新闻媒体网站均发布了此消息。

（五）授牌仪式在北京举行

2009 年 3 月 12 日，中国民间文艺家协会在北京长城饭店隆重举行"中国火文化之乡"授牌仪式。授牌仪式由中国民间文艺家协会副秘书长赵铁信主持，中共商丘市委书记王保存在致辞中介绍了商丘悠久的历史文化和传承不息的火文化。中共睢阳区委书记刘沛在致辞中介绍了睢阳区区情和火文化相关情况。中国文联副主席杨志今做了题为《加大品牌保护，传承文化遗产》的重要讲话，充分肯定了商丘在挖掘民间文化遗产，打造火文化品牌工作中所做的贡献。中国民间文艺家协会秘书长向云驹宣读了协会《关于同意命名商丘市睢阳区为"中国火文化之乡"并建立"中国火文化研究中心"的决定》的文件。中国文联书记处书记白庚胜为睢阳区授"中国火文化之乡"匾牌。中国民间文艺家协会分党组书记罗杨为睢阳区授"中国火文化研究中心"匾牌。授牌仪式后，与会人员观看了《中国火文化之乡——河南省商丘市睢阳区》宣传片，新闻媒体采访了中国民协、商丘市和睢阳区领导。

新华社、人民日报、中央电视台、中央人民广播电台、光明日报、农民日报、工人日报、经济日报、中国国际广播电台、人民网、中国网、CCTV英语频道、河南日报、河南人民广播电台、河南电视台等40多家中央、省、市新闻媒体和在京的睢阳、梁园同乡应邀参加会议。

"中国火文化之乡"的命名和授牌进一步确定了商丘作为火文化发祥地的历史地位，对于商丘在全国叫响火文化品牌、加快文化旅游事业发展意义重大，影响深远。加快推进"中国火文化之乡"建设，是商丘市为贯彻落实中央、国务院关于建设文化强国，中原经济区建设中华优秀历史文化传承创新区，充分发挥商丘历史文化资源优势，打造优秀历史文化传承创新高地的重要举措。

第三节 强力推进"中国火文化之乡"建设

商丘市睢阳区获得"中国火文化之乡"授牌以后，当地党委政府进一步挖掘整合火文化资源，增强火文化的保护意识，在城乡建设规划中扩展火文化的生长空间，防止对民间文化遗产的破坏，加快制定民间文化遗产保护的地方政策法规，形成一套完整的保护体系，推进了中国火文化之乡建设。火文化之乡研究成果不断涌现，火文化辐射力度日见增大，当地党委政府、社会各界高度重视中国火文化之乡建设，更加关注火文化的传承，支持火文化发展，将其作为文化强市的组成部分列入重要议程。协调各方面的力量,充分调动大家的积极性和主动性,努力形成各部门齐抓共管的局面,形成依托商丘古城文化资源、彰显火文化特色、传承发展商丘区域文化的整体优势。

(一)加强火文化遗址保护,建设燧皇陵、阏伯台文化景区

严格遵循在保护火文化遗址的前提下合理、适度、科学开发,并在开发中保护的原则。为妥善保护燧皇陵、阏伯台遗址,专门设立燧皇陵火文化风景区管理处,协调相关管理事宜。成立文物保护小组,依据国家文物保护法和相关地方性法规,严密制订相关规范,并认真落实文物保护制度。

政府拨付专项资金,按燧皇陵原貌实施抢救,扩建陵园,重修陵冢,架设汉白玉护栏,配置诗配画石刻浮雕(十八幅),铺设神道,增建石雕牌坊(五拱)、仪门、阙门和火文化广场;以防止水土流失为重点,加固阏伯台的台基,绿化四周的坡面,硬化台面和前院广场,修筑拦土墙,同时修缮已经出现裂缝的钟楼和鼓楼等台上建筑;以净化、绿化、美化为目标,整治燧皇陵和阏伯台的周边环境。

(二)做好火文化资料普查整理,健全火文化信息档案

1987 年,由当地领导牵头,组织本地文化界知名人士,成立了火文化研究会。研究会对火文化的起源、发展、内涵、外延,与之相关的民俗、传说、礼仪、建筑,及其对社会、经济发展的影响,进行了比较深入的探寻、考证,迄今为止收集了大量的资料,取得了一定的成果。

广泛搜集涉及火文化的非物质文化遗产,尤其是民间手工技艺,丰富燧皇陵、阏伯台火文化遗存的文化内涵。组织本地文化界知名人士,对国内外有关火文化的资料和研究成果进行搜索、整理、分类,建立火文化档案资料信息库和火文化研究中心网站,先后编纂出版了《中国火文化之乡——河南睢阳》《火火火——商丘火文化文集》等四部宣传图书,录制电视专题片 12 部,在省内外发表火文化方面的研究性论文 30 余篇,与国内外火文化爱好者分享了信息资源。

（三）抓好民俗文化活态保护，给予非遗传承人关爱支持

我们对广大民众遗留下来的，传承已久的"二月二祭燧皇""火龙灯""太阳鸟""吃红蛋"等习俗，给予保护，继续传承；对"取新火""添新土""赛火把""玩铁花"等濒临失传的祭祀形式和特色民俗进行挖掘、整理与展示，使之发扬光大，为火文化精神的诠释增添新的内容。对已有4000多年历史的豫东地区最盛大的民间古庙会——阏伯台庙会，改由政府引导，由民间组织和社会各界广泛参与，开展了形式多样、丰富多彩的文化活动，充分彰显了阏伯台庙会独有的特色。现在的阏伯台庙会在保留传统活动内容的基础上，已发展成为一个辐射豫鲁苏皖四省的有相当规模的物资文化交流大会，增添了与新时代相适应的创新色彩。

加强对非物质文化遗产传承人的关爱、支持、保护、管理，促使民间火文化进一步传承与发展。燧人氏与燧皇陵，阏伯与阏伯台的故事，在睢阳民间流传久远，我们对当地能讲故事的老人，每月给予定额补助，在他们生病时，派工作人员去照看他们。对他们口述的民间故事及传说，派专人搜集记录，并印成民间故事册子，分发到学校，作为学生学习地方文化知识的选修课。

（四）举办圣火采集活动，增强中华火文化的凝聚力

1992年的中国旅游观光年"黄河之旅"首游式和河南省第七届青年运动会，2000年的"黄河杯"大型申奥活动，2003年的河南经济论坛"诚信河南"活动，2005年的第十届全国运动会，均在商丘采集火种。所采火种被称为"中华圣火""中华第一火种""华夏文明之火"。2006年，中国首届火文化研讨会在商丘召开，与会专家在做出"燧皇陵在商丘，商丘是古黎丘，是燧人氏作为天皇时，在瞿水、睢水流域的中心都邑"的结论之后，纷纷为商丘火文化品牌的保护出谋划策。2007年，"火神祭祀"被列入河南省非物质文化遗产名录。商丘市还被列为2008年北京奥运火炬传递城市。2006年至2016年，先后成功举办了六届"中国·商

丘国际华商节"。商丘积极主动举办圣火采集活动，充分利用采集活动和各种节会，增强中华火文化在炎黄子孙心灵中的精神凝聚力。

（五）加大火文化之乡宣传，增强中华火文化的影响力

商丘积极打造中国火文化之乡品牌优势，通过请进来、走出去，进一步加大中国火文化之乡对外宣传力度，树立了良好的外部形象。

一是请进来。利用高层新闻媒体和大型节会积极宣传中华火文化。邀请中央电视台《国宝档案》栏目组拍摄了《华夏火神》《商丘火神台庙会》专题片，邀请中央电视台《走遍中国》栏目组拍摄了《寻火觅根到商丘》专题片，分别在 CCTV-4 套《国宝档案》、CCTV-9 套《中国智慧》栏目中播出。成功接待了第八届"网上看河南"南线采风团，50 多名国内知名网站的记者向外界集中展示了商丘的深厚文化底蕴。在全球展开的"世界客家播迁路"文化交流活动在商丘燧皇陵景区采集了中原圣土。利用举办"中国·商丘国际华商节"的机会，广泛宣传中华火文化。

二是走出去。2009 年，积极参加了"中原文化港澳行""中原文化台湾行"等旅游推介活动，组织宣传推介会，宣传商丘的悠久历史和厚重的文化。

三是以文化的手段宣传火文化。宣传、文化部门结合本职业务，开展形式多样的宣传活动，如"天下归德，古城商丘"全国大征联，2015年商丘古都文化研讨会暨中国古都学会年会，应天书院大讲堂，民间艺术大赛，这些活动既聚合了火文化的宣传骨干，又扩大了火文化的宣传受众。

全面加大宣传力度，创新报道方式，除新闻报道之外，还要利用不同题材的文学作品和不同门类的艺术形式，以及群众喜闻乐见的各种民间游艺活动宣传商丘，在寓教于乐和潜移默化中达到应有的宣传效果。加强对外联络，突出特色，形成商丘独特的火文化品牌。宣传中国火文化之乡建设的进展情况和工作动态。进一步提高公众的民间文化遗

产保护意识，努力在全社会形成保护民间文化遗产和合理开发民间文化资源的良好环境和舆论氛围。

（六）实施法律法规保护，营造全民保护传承氛围

实施法律保护和全民保护，营造社会各界共同保护传承民间文化的氛围。认真贯彻执行《中华人民共和国文物保护法》《中华人民共和国非物质文化遗产法》《河南省非物质文化遗产保护条例》《商丘古城保护条例》等法律法规，在全市上下大力倡导保护火文化遗产，增强了全民保护民间文化遗产的意识。站准在"华夏历史文明传承创新示范区"中的战略定位，树立"文化强市"意识，打响"华商之源·通达商丘"文化品牌，擦亮商丘"历史文化名城"文化名片，突出抓好"三位一体、全国唯一"商丘古城的保护和利用，延续历史文脉，全力做好商丘古城保护性修复与展示工作。投入资金，完成了对主要景点的修复和完善，举办文化节活动，扩大商丘古城、应天书院、商文化景区、火文化景区在国内外的知名度，增加旅游收入，推动商丘经济社会和谐发展。

（七）深化火文化研究，广泛形成学界共识

2006 年 4 月 26 日至 27 日，由河南省商丘市人民政府、中国科学院自然科学史研究所、河南省社会文化学会主办，中国科学技术史学会、北京古观象台、北京收藏家协会火花委员会、河南省文物考古研究所、河南省古代建筑保护研究所协办，商丘市睢阳区人民政府承办的首届中国火文化研讨会在河南省商丘市隆重召开，参加会议的有从事天文、地理、考古、历史等方面研究的中外知名专家共 33 人。与会专家在实地考察的基础上，从人类生活、制陶、冶炼、军事、科技、天文、周易、地理、姓氏、宗教、考古等方面探讨了燧人氏对人类的贡献，并就有关问题达成了共识。

1. 燧人氏"钻木取火"，开启了人类文明的新纪元。火的使用，使人类结束了茹毛饮血的时代，熟食有利于从食物中吸取更多营养，增

强人类体质。

2. 人工取火的发明和火的使用，使此后许多重要的发明成为可能。中华火文化催生了火耕、制陶和青铜文化，催生了金属工具的产生，提高了生产效率。

3. 燧皇陵在商丘，商丘是古黎丘，是燧人氏作为天皇时在瞿水、睢水流域的中心都邑。

4. 建议在商丘燧皇陵景区建设"中华圣火坛""万姓园""燧明园"等，以纪念燧人氏为人类做出的巨大贡献，同时建议 2008 年奥运会把商丘作为传火中心点。

商丘以"中国民间文艺家协会火文化研究中心"为平台，邀请组织国内外有关专家学者进行火文化学术研究与交流，定期举办全国性的火文化研究活动。创办融历史性、学术性、知识性、趣味性、实用性于一体的综合性学术期刊——《中华火文化研究》，以形成联系国内外火文化研究人士，培养中青年骨干学者的文化学术交流平台。

（八）提炼中华火文化精神，继承发扬优秀文化品质

深化火文化的研究，最重要的是锤炼中华火文化的精神。火是商丘的图腾，也是中国人的精神底色。中华民族崇尚红色，就是火文化意识的具体表现。中华火文化精神，是"自强不息、求是创新、法天敬祖、以民为本、崇德向善、团结合作"精神的有机融合，是世代商丘人、中国人永不言败精神的精准提炼。

1. 自强不息。《易经》："天行健，君子以自强不息；地势坤，君子以厚德载物。"燧人氏人工取火，阏伯火正司火，中华民族文明发展的过程，无不体现自强不息的精神，不靠天，不靠地，靠自己双手去打拼。中华民族百折不挠，顽强拼搏，最终战胜苦难，从弱小走向强大。

2. 求是创新。求是创新就是敢想、敢试，善于创造，具有自主性、首创性、先进性。人工取火是一次技术革命，燧人氏钻木取火是文明之火，是智慧之火。"苟日新，日日新，又日新。"以改革创新为核心

的民族精神，是中国人民精神风貌的集中写照，是中华民族生生不息、继往开来的不竭动力，是激发社会创造活力的强大力量。

3．法天敬祖。法天就是师法天道，敬祖就是尊敬祖先。中华民族不迷信神仙而是尊重自然规律，不数典忘祖而是尊敬祖先的创造劳动。与西方神话中的神灵从天上盗火不同，燧人氏人工取火则张扬了人的力量，也体现了对自然规律的尊重。在中华火文化中，法天不是迷信自然，而是向自然学习，在自然界中探寻规律；敬祖是追寻来路，不忘本来，也体现着民族自信和独立。

4．以民为本。以民为本就是以民生福祉为根本追求。燧人氏人工取火，为民解忧，为民造福，历代奉为"圣人"，尊为"天皇"。阏伯作为火正，保护管理火种，观星授时，以民为本，为民服务，历代奉为"火神"。中华火文化中的精神崇拜在对火本身的崇拜基础上，还有着对取火者、司火者的崇拜，尊敬崇拜的是他们为民服务的精神。以民为本，为民服务，是火文化精神的精髓之一。

5．崇德向善。燧人氏因其钻木取火，利民积德，被称为"有圣人作"，爱民、利民，即是圣德、至善，崇火敬圣之中体现出火文化中崇尚道德、积极向善的精神。

6．团结合作。众人的团结合作体现在人工取火技术的发明、改进中，更体现在管理、使用火的过程中。火，非一人之物，非一人之作，也非一人之力，非一人之福。火的使用，培育发扬了团结合作的精神，商丘和中华火文化精神特色中，团结合作的精神不可或缺。

商丘的火文化历经几千年的发展演化，商丘人民对火的情感却始终如一。"火"的不屈不挠、炽热滚烫的精神内涵，将是商丘人民世代传承的宝贵财富。燧皇陵、阏伯台、火神台庙会及火文化的习俗等等，这些体现火文化神奇魅力的载体，永远是一本包罗万象的文化百科全书，它洋溢着商丘人前赴后继、顽强拼搏、永不言败的精神；赞美了商丘人爱憎分明、弃恶扬善，言必信、行必果，诚信、热心的道德风尚。

（九）科学编制发展规划，拓展燧皇陵"火文化"主题公园建设

商丘市委、市政府把商丘古城保护建设纳入到全市经济社会发展的总体布局中，将商丘古城确定为城市经济社会发展的"金三角"之一，确立了古城保护建设在全市经济社会发展中的核心地位。努力把商丘古城打造成世界历史文化旅游目的地，叫响"游商丘古都城，读华夏文明史"文化旅游品牌。加快古都城保护建设，全域化构筑以商丘古城为核心的大文化、大旅游格局。强化中国火文化之乡建设，进一步挖掘整合保护火文化资源，使火文化资源的软实力迅速转化为经济社会发展的硬实力。

按照《商丘市城市总体规划》（2016—2030）要求，把文化旅游业放在了更加突出的位置，要求突出抓好燧皇陵"火文化"主题园规划。一是坚持修复性保护与展示原则。坚决贯彻落实好《中华人民共和国文物保护法》《商丘古城保护条例》等法律法规，依规对燧皇陵进行修复性保护与展示。二是坚持规划先行原则。与国内顶尖的保护与规划相关专家、单位合作，编制完善好规划体系和建筑修复、恢复、展示设计工作。三是坚持高标准建设原则。在全国选定一批有实力、有业绩、有信誉的古建筑施工企业，作为燧皇陵修复性保护与展示施工单位。四是坚持依法办事原则。坚持依法按要求、按程序报批(审)各种建设行为。一切建设行为均要经市规委会审查通过。五是坚持专家咨询原则。建立专家咨询组，坚持实行专家咨询委员会制度，一切修复行为要经过专家论证。六是坚持统筹兼顾原则。坚持燧皇陵修复性保护与展示同增加商丘居民收入、改善商丘居民生活条件等相结合；努力把燧皇陵"火文化"主题园建设成为"世界历史文化旅游目的地"之一。

创新文化产业形式，将商丘独具特色的火文化民间艺术搬上舞台，开发火文化现代演艺，在燧皇陵火文化景区举行钻燧取火表演、古人优美舞蹈表演，供人们参观、体验、欣赏，发展文化旅游业。拉动新的火文化产业链条，开发火文化系列产业，发展旅游、服务业；加大

火文化产品创意设计包装，拓展火文化产品市场开发，打造商丘独特的火文化产业。

制定政策措施，加大项目融资力度，争取国家专项资金和金融机构贷款，鼓励社会化、多元化的资本投入到建设燧皇陵"火文化"主题公园（万姓园、燧明园）和中国火文化博物馆中，使燧皇陵"火文化"主题公园（万姓园、燧明园）和中国火文化博物馆成为火文化景区的主要标志和象征。

商丘市燧皇陵火文化广场雕塑

第四节 祭祀燧皇

一 己丑（2009 年）祭祀燧皇、帝喾、阏伯

祭文如下：维公元 2009 年 12 月 3 日，农历岁次己丑十月十七日，时值采集"中原圣土"之际，河南省有关领导及商丘各界人士千余人，

谨以鲜花素果之仪，在人文始祖圣地，中国火文化之乡，三商之源——河南商丘睢阳，公祭中华人文始祖、三皇之首燧皇，五帝之一帝喾，商之始祖阏伯于陵前曰：

三皇之首，吾祖燧皇。钻木取火，功德无量。

改天换地，文明开张。熟食壮体，人兽揖别。

结绳纪历，共尊天皇。首命风姓，民族兴旺。

诞生华夏，建都睢阳。万姓之祖，各族景仰。

根在商丘，人心向往。同根同宗，源远流长。

燧皇后裔，帝喾都商。广施仁政，德行高尚。

宽厚信义，洁身自芳。普利众生，寰宇同享。

民勤物丰，山河飘香。八子建功，华夏荣光。

数千余载，绵绵久长。千余姓氏，远播八方。

火正阏伯，因功封商。观星纪时，天瑞地祥。

助禹治水，九河通畅。赐为子姓，兴国安邦。

商之始祖，玄鸟传唱。裔孙王亥，驯牛睢阳。

以物易物，肇始经商。诚信为本，仁义为纲。

互惠互利，国富民强。华商始祖，世代景仰。

亥王功德，万古流芳。王亥之裔，商侯成汤。

工商富国，灭夏兴商。以仁治国，诸侯向往。

继往开来，再铸辉煌。成汤之裔，虎跃龙骧。

慎终追远，孝思难忘。全球华人，共尊燧皇。

海峡两岸，骨肉情长。华夏同胞，念祖怀乡。

寻根谒祖，欢聚一堂。同心同德，惠吾家邦。

尊先敬祖，美德传扬。敬采圣土，以慰先皇。

谨告先祖，伏惟尚飨。

二 丙申(2016年)拜谒中华火祖燧人氏

2016年3月10日,由商丘市炎黄文化研究会、商丘市国学文化促进会主办,商丘古城旅游发展有限公司、燧皇陵景区分公司承办的拜谒中华火祖燧人氏典礼在燧皇陵隆重举行。大典共九项仪式,分别为盛世礼炮、致辞、敬献鲜花、净手上香、献爵、行施拜礼、恭读拜文、取新火、谒陵。

祭文如下:维公元2016年3月10日,农历岁次丙申二月二日,时值燧皇诞辰之日,商丘市睢阳区有关领导及商丘各界人士千余人,谨以鲜花素果之仪,在人文始祖圣地,中国火文化之乡,三商之源——河南商丘睢阳,公祭中华人文始祖、三皇之首燧皇于陵前曰:

> 三皇之首,吾祖燧皇。钻木取火,功德无量。
> 改天换地,文明开张。熟食壮体,人兽揖别。
> 结绳纪历,共尊天皇。首命风姓,民族兴旺。
> 诞生华夏,建都睢阳。万姓之祖,各族景仰。
> 根在商丘,人心向往。同根同宗,源远流长。
> 慎终追远,孝思难忘。全球华人,共尊燧皇。
> 海峡两岸,骨肉情长。华夏同胞,念祖怀乡。
> 寻根谒祖,欢聚一堂。同心同德,惠吾家邦。
> 尊先敬祖,美德传扬。共祭火祖,以慰先皇。
> 谨告先祖,伏惟尚飨。

三 丁酉(2017年)公祭中华人文始祖火祖燧皇大典

2017年2月27日,由中国火文化研究中心、商丘市炎黄文化研究会、商丘市国学文化促进会主办,商丘古城旅游发展有限公司承办的丁酉公祭中华人文始祖火祖燧皇大典在燧皇陵隆重举行。大典共九项仪式,分别为盛世锣鼓、致辞、净手上香、奏雅乐、敬献供品、恭读拜文、行施拜礼、取新火、谒陵。

祭文如下：维公元 2017 年 2 月 27 日，岁次丁酉，二月初二，乃为中华火祖燧皇诞辰之日。商丘各界人士，以虔诚感恩之情，汇聚于燧皇陵前，敬供精粮五谷、鲜花素果，拜祭中华人文始祖、三皇之首燧皇。商丘市炎黄文化研究会秘书长田启礼，谨以商丘市炎黄文化研究会、商丘市国学文化促进会、商丘古城旅游发展有限公司、中国火文化研究中心之名，恭颂中华火祖燧皇功德。辞曰：

天之苍苍，地之茫茫。先民之世，远古洪荒。

蒙昧未开，难觅光亮。茹毛饮血，肠胃疾伤。

人文始祖，吾祖燧皇。钻木取火，文明开创。

民餐熟食，身强体康。照明取暖，野兽避让。

结绳记事，告别蛮荒。首命风姓，姓氏开张。

万姓之祖，民族兴旺。华夏文明，浩浩荡荡。

赫赫伟绩，惠泽八方。火祖勋德，万古流芳。

今逢盛世，祖功难忘。慎终追远，公祭燧皇。

龙脉赓续，乃至今昌。代代有继，尧舜禹汤。

秉承祖志，续写华章。锲而不舍，再铸辉煌。

炎黄子孙，五洲四洋。同根同宗，念祖思乡。

海峡两岸，骨肉情长。统一复兴，和合共襄。

构建和谐，凝聚力量。改革创新，奋发图强。

寻根谒祖，同愿同向。振兴中华，百年梦想。

浩浩九州，泱泱大商。万姓祖地，源远流长。

巍巍古都，名震四方。圣人文化，流彩溢光。

人民诚朴，热情善良。勤劳节俭，敢于担当。

文化底蕴，博厚深藏。经济发展，物阜民康。

尊先崇祖，美德传扬。薪火延续，开来继往。

昭告火祖，祈福无疆。商丘崛起，谱写诗章。

归德儿女，无愧燧皇。敬慰拜告，伏惟尚飨！

四　丁酉（2017年）中华火文化论坛暨第三届国际艾灸文化高峰论坛祭拜燧皇

祭文如下：维公元 2017 年 6 月 18 日，岁次丁酉，五月二十四日，中华火文化论坛暨第三届国际艾灸文化高峰论坛全体嘉宾及与会人员，以虔诚感恩之心，汇聚于燧皇像前，敬供精粮五谷，鲜花素果，拜祭中华火祖燧人氏，颂扬其伟大功德。辞曰：

天玄地黄，远古洪荒。难分夜昼，黑暗无光。

茹毛饮血，肠疾胃伤。病魔肆虐，侵害安康。

人文始祖，火祖燧皇。钻木取火，文明开创。

蒙昧既启，人类曙光。民餐熟食，丰富营养。

火化腥臊，有利健康。取暖照明，告别蛮荒。

赫赫伟绩，名震八方。燧皇功德，万古流芳。

火之烁烁，百业兴旺。艾灸兴起，祛病扶伤。

起源于火，民疗新创。防病养生，火艾为良。

历史悠久，文明发祥。自古相传，源远流长。

艾草熏灸，大爱无疆。文献有记，灸方博藏。

疗病灸疾，惠泽四方。调理肌体，平衡阴阳。

促人进化，体魄强壮。功效卓著，流传推广。

日月经天，江河奔淌。华夏盛世，民富国强。

不忘祖德，拜祭燧皇。秉承祖志，续写华章。

艾灸传承，造福万邦。锲而不舍，再铸辉煌。

服务社会，兰蕙芬芳。为民疾苦，感热知凉。

火祖懿德，光大发扬。中华儿女，无愧燧皇。

民族复兴，实现梦想。祈告火祖，伏惟尚飨。

五　戊戌（2018年）公祭中华火祖燧皇大典

祭文如下：维公元 2018 年 3 月 18 日，岁次戊戌，二月初二，乃中华火祖燧皇诞辰之日。商丘各界人士，集聚于燧皇陵前，敬供洁净时蔬，鲜花素果，拜祭中华火祖燧皇。

其文曰：

上古之世兮，天玄地黄。蒙昧未开兮，冥冥洪荒。
钻木取火兮，吾祖燧皇。造福人类兮，惠泽八方。
人饮熟食兮，身强体壮。旺火驱寒兮，防冻益康。
茫茫黑夜兮，放明溢光。驱赶禽兽兮，防遭祸殃。
改天换地兮，文明开张。赫赫伟绩兮，厚德无量。
三皇之首兮，华胄共仰。名垂青史兮，千古流芳。

当今盛世兮，祖德难忘。哀思悠悠兮，拜谒燧皇。
炎黄子孙兮，祈福告祥。修德怀远兮，业贯玄黄。
秉承祖志兮，鼎革图强。中华复兴兮，构筑梦想。
一带一路兮，共谱华章。社会和谐兮，民生大昌。
海峡两岸兮，骨肉情长。和平统一兮，共同愿望。
砥砺奋进兮，龙凤呈祥。梦想实现兮，傲立东方。

三商之源兮，商丘古乡。历史悠久兮，名播远扬。
继往开来兮，美德弘扬。跨越发展兮，华美篇章。
枢纽经济兮，充满希望。一言九鼎兮，实干兴商。
玄鸟腾飞兮，民富国强。中原明珠兮，泱泱大商。
昭告吾祖兮，佑我家邦。祭礼大成兮，伏惟尚飨！

六　己亥（2019年）燧皇故里拜祖大典

维公元2019年3月8日，岁次己亥，二月初二，乃中华火祖燧皇诞辰之日。河南各界人士，汇集于中华火祖燧皇陵前，以庄严神圣之心，怀追远感恩之情，沐手振衣，肃立恭颂我火祖燧皇功德。

其文曰：

华夏文明，源远流长。燧皇功勋，恩泽八方。
上古之世，天地玄黄。蒙昧未开，冥冥洪荒。
钻木取火，火祖燧皇。开启文明，华夏新章。
人始熟食，身体强壮。揖别野蛮，人兽分行。
茫茫黑夜，放明溢光。以火驱寒，防冻益康。
驱赶禽兽，防遭祸殃。赫赫伟绩，功德无量。
三皇之首，华胄共仰。筚路蓝缕，万古流芳。

当今盛世，祖德难忘。哀思悠悠，拜谒燧皇。
炎黄子孙，祈福告祥。修德怀远，业贯玄黄。
不忘初心，鼎革图强。中华复兴，构筑梦想。
一带一路，共谱华章。社会和谐，民生大昌。
海峡两岸，骨肉情长。和平统一，共同愿望。
砥砺奋进，龙凤呈祥。梦想实现，傲立东方。

三商之源，文明之邦。天命玄鸟，降而生商。
服牛乘马，王亥经商。定都南亳，大哉商汤。
赫赫梁园，文人称赏。汤汤运河，功耀隋唐。
应天书院，驰誉流芳。归德古城，智圆行方。
振兴斯土，百年梦想。一言九鼎，实干兴商。
昭告吾祖，佑我家邦。拜礼大成，伏惟尚飨！

参考书目

[1] 马克思、恩格斯：《马克思恩格斯选集》，人民出版社，1972年。

[2] 杜耀西、黎家芳、宋兆麟：《中国原始社会史》，文物出版社，1983年。

[3] 殷玮璋、曹淑琴：《中国远古暨三代科技史》，《中国全史》丛书，人民出版社，1994年。

[4] 郭水华：《与火共舞——初访火文化》，大连出版社，1995年。

[5] 王玉哲：《中华远古史》，上海人民出版社，2000年。

[6] 程有为、王天奖主编：《河南通史》，河南人民出版社，2005年。

[7] 丁季华、龚若栋、章义和等：《中国古代文明起源》，上海科学技术文献出版社，2007年。

[8] 《史记》，文天译注，中华书局，2016年。

[9] 《庄子》，孙通海译，中华书局，2007年。

[10] 《墨子》，方勇译注，中华书局，2011年。

[11] 《韩非子》，高华平、王齐洲、张三夕译注，中华书局，2015年。

[12] 《注音版说文解字》，[宋] 徐铉校定，愚若注音，中华书局，2015年。

[13] 《礼记》，胡平生、张萌译注，中华书局，2017年。

[14] 《黄帝内经》，姚春鹏译注，中华书局，2010年。

[15] [明] 吕坤：《呻吟语》，王国轩、王秀梅译注，中华书局，2018年。

［16］［英］李约瑟原著，［英］柯林·罗南改编，江晓原主持：《中华科学文明史》，上海交通大学科学史系译，上海人民出版社，2019 年。

［17］［以色列］尤瓦尔·赫拉利：《人类简史——从动物到上帝》，林俊宏译，中信出版社，2014 年。

［18］《尚书》，王世舜、王翠叶译注，中华书局，2012 年。

［19］《尔雅》，管锡华译注，中华书局，2014 年。

［20］栾贵明主编：《中华史表》，新世界出版社，2014 年。

［21］李可亭等著：《商丘通史》，河南大学出版社，2000 年。

［22］河南省商丘地区地方志编纂委员会编：《归德府志》（清乾隆十九年），中州古籍出版社，1994 年。

［23］河南省商丘县志编纂委员会编：《商丘县志》（清康熙四十四年），中州古籍出版社，1989 年。

［24］商丘市地方史志编纂委员会编：《商丘地区志·续卷》，方志出版社，2003 年。

［25］郑清森：《商丘的考古发现与初步研究》，中国广播电视出版社，2005 年。

［26］商丘市文物保护委员会、商丘市文物管理局编：《商韵》，河南人民出版社，2009 年。

［27］刘书杰：《中国火文化》，中国文联出版社，2002 年。

［28］尚起兴主编：《中华圣火》，新华出版社，2005 年。

［29］王纲主编：《千年遗韵：商丘市非物质文化遗产名录图典》，河南人民出版社，2010 年。

［30］张学勇主编：《中国火文化之乡——河南睢阳》，大象出版社，2010 年。

［31］王小块：《远古余韵：商丘火神祭祀文化研究》，新华出版社，2013 年。

［32］张渭莲：《商文明的形成》，文物出版社，2008 年。

[33] 林国华、李丽霞主编：《火针疗法》，中国医药科技出版社，2012 年。

[34] 何九盈等主编：《中国汉字文化大观》，北京大学出版社，1995 年。

[35]《中国军事史》编写组编：《中国历代军事装备》，解放军出版社，2007 年。

[36] 王兆春：《中国火器通史》，武汉大学出版社，2015 年。

后 记

　　《文化商丘·火文化》的编著工作是在中共商丘市委、市委宣传部的直接领导下展开的。市委书记王战营同志和市委常委、宣传部部长王全周同志提出过许多具体指导意见，要求把《文化商丘》丛书编著成商丘历史文化教科书，这始终都是我们的追求目标和精神动力。《文化商丘》丛书编辑人员汇集了商丘地方文化研究的优秀团队，我们互相激励，互相帮助，互相启发，取长补短。中华书局的各位专家学者，特别是许旭虹、刘楠、梁五童三位编辑老师给予了我们精准的指导和有力的支持，在此一并表示衷心的感谢！

　　文化研究总是在学习继承前人的基础上才能实现，在火文化的研究上，我们借鉴了历史文化典籍的记载和前人的研究成果。

　　本书作者张学勇担任商丘市睢阳区委宣传部副部长、文联主席期间，具体承办了睢阳区火文化研究与建设的一系列工作，包括中国火文化之乡的申请、中国火文化研究中心的成立等等，著作有《中国火文化之乡——河南睢阳》《火火火——商丘火文化文集》等；王小块系商丘师范学院人文学院副教授，长期从事商丘文化研究，曾出版她的硕士论文《远古余韵：商丘火神祭祀文化研究》；赵云峰曾担任商丘市文化广电新闻出版局副书记、副局长，长期从事商丘文化研究，有《商丘火文化传承创新问题研究》等一系列科研课题成果。我们在原有著述的基础上联合开展了全面深入的研究，激励出新的思维成果，在编撰书稿时梳理并展示出了新的材料和观点。

本书是集体合作的成果。赵云峰负责统稿，撰写了绪论、后记、参考书目和第一、五、六章；张学勇撰写了第三、四、七章；王小块撰写了第二章。根据需要，各章之间材料做了一些调整。中国摄影家协会会员、商丘地方史志办公室主任马时全同志贡献了摄影图片，在此表示感谢。

由于作者知识范围和研究能力所限，编著内容不足之处在所难免，敬请大家指正，提出批评意见。

编　者

2020 年 10 月